dt

Jede bedeutsame Reise verändert uns. Das gilt insbesondere für eine Pilgerreise. Das wochenlange allmähliche Voranschreiten auf ein Ziel zu gibt uns Gelegenheit, innezuhalten, unserer inneren Stimme zu lauschen und uns seelisch zu erneuern. Andrea Löhndorf schildert in diesem Buch die Lektionen, die jeder Pilgerweg bereithält und uns auf intensive Weise uns selbst näherbringt. Anhand ihrer eigenen Erfahrungen und jahrtausendealter Erkenntnisse aus den spirituellen Traditionen zeigt sie, wie wir die Erfahrung der Pilgerschaft in unseren Alltag integrieren können und zum Lebens-Pilger werden, der sich – im Wortsinn – Schritt für Schritt dem Wandel öffnet, den er sich wünscht. Die vielen Übungen zum meditativen Gehen, zur Stille, zum Loslassen und zum achtsamen Neuerleben dessen, was uns ausmacht, erlauben uns, jeden Tag, jeden Moment wieder als Wunder zu erleben, sei es auf einer Pilgerreise, einer Wanderung, einem Spaziergang oder auch mitten im Alltag. ›Anleitung zum Pilgern‹ ist eine behutsame und liebevolle Einladung zu mehr Lebendigkeit, Gelassenheit und Authentizität.

Andrea Löhndorf, geboren 1968, ist Verlagslektorin in München. Nach vielen Jahren beruflicher und privater Beschäftigung mit der Psychologie und den spirituellen Traditionen lief sie 2008 den Jakobsweg von Saint-Jean-Pied-de-Port in Frankreich bis nach Santiago de Compostela.

ANDREA LÖHNDORF

Anleitung zum Pilgern

Ein Lebensbegleiter

dtv

MIX
Papier aus verantwortungsvollen Quellen
FSC® C019821

Originalausgabe
3. Auflage 2017

Umschlagkonzept: Balk & Brumshagen
Umschlagfoto: Vladislava Vonsovic
Foto S. 11: © Donny
Alle anderen Fotos im Innenteil: © Andrea Löhndorf
Satz: Stefan Krickl im Verlag
Gesetzt aus der Trump Mediaeval 9,5 / 12,15 p
Druck und Bindung: Druckerei C.H.Beck, Nördlingen
Gedruckt auf säurefreiem, chlorfrei gebleichtem Papier
Printed in Germany · ISBN 978-3-423-34589-7

Inhalt

Einleitung

Alle Reisen haben eine
heimliche Bestimmung,
die der Reisende nicht ahnt.
Martin Buber

Jede bedeutsame Reise verändert uns auf die eine oder andere Weise. Meist sind wir uns dessen nicht bewusst, während wir unterwegs sind, erst später begreifen wir in der Rückschau, was sich in unserem Leben verändert hat. Das gilt insbesondere für eine Pilgerreise.

Der Impuls, den Jakobsweg zu laufen, überkam mich spontan und überraschte mich selbst. Ich hatte den Pilger-Hype, den Hape Kerkelings Bestseller ›Ich bin dann mal weg‹ in Deutschland ausgelöst hat, bis dahin mehr oder weniger ignoriert. Als sich diese Idee jedoch in meinem Denken einnistete und hartnäckig immer wieder meldete, begann ich, Bücher darüber zu lesen, meine Faszination wuchs, und irgendwann fasste ich den Entschluss – allen Warnungen bezüglich Massenaufläufen und überfüllten Herbergen zum Trotz –, die klassische Route des Camino Francés von Saint-Jean-Pied-de-Port am Fuße der französischen Pyrenäen quer durch Spanien bis nach Santiago de Compostela nahe der Atlantikküste zu laufen.

In der traditionellen Pilgerliteratur nennt man diesen starken Wunsch nach Aufbruch den »inneren Ruf«. Das wäre mir zum damaligen Zeitpunkt allerdings viel zu pathetisch erschienen. Ich war dabei, meine berufliche Selbstständigkeit auszubauen, befand mich entsprechend in Aufbruchsstimmung, und da ich die Erfahrung gemacht hatte, dass es immer sinnvoll ist, wiederkehrenden Impulsen zu folgen, begann ich bald mit der Planung und Vorbereitung. Natürlich hatte ich gewisse Vorstellungen davon, was mich erwarten würde: geistige Erneuerung, andere Perspektiven, Einsicht, und da ich in der modernen Pilgerliteratur so viel über Selbstfindung gelesen hatte, glaubte ich, bei meiner Rückkehr meine Vergangenheit in einem neuen Licht zu sehen und eine Fülle von Plänen und Ideen für meine Zukunft gesammelt zu haben. Das schien mir ein lohnenswertes Ziel für die Auszeit zu sein.

Die Realität war dann, wie so oft, ganz anders als erwartet. Die Vergangenheit und Zukunft, über die ich nachdenken wollte, waren auf dem Weg wie weggewischt. Etwas Magisches geschieht, wenn man viele Wochen zu Fuß unterwegs ist: In dieser Drosselung des modernen Tempos auf die Geschwindigkeit mittelalterlicher Pilger, in dem gleichmäßigen Rhythmus des Gehens, Kilometer um Kilometer, Tag für Tag, Woche um Woche, verschmelzen die äußeren Eindrücke, die Gefühle und das Denken zu einer Art hellwacher Trance, die mehr und mehr ein Glücksgefühl hervorruft, das fast süchtig machen kann. Je weiter man voranschreitet, desto mehr gewinnt man ein Gefühl von Zeitlosigkeit – der Camino bringt den Pilger tatsächlich in das in der spirituellen Literatur viel beschworene »Hier und Jetzt«.

Bereits nach einigen Tagen auf dem Weg hatte ich das Gefühl, als würde mein Geist ähnlich einem Computer herunterfahren, die Programme mit den alten Mustern schienen außer Betrieb gesetzt, und an die Stelle des Denkens und Reflektierens, das so leicht zum Grübeln wird, trat eine gesteigerte Wahrnehmung und das Gefühl von Präsenz. »Nicht so viel denken, mehr lieben!«, sagte die Mystikerin Teresa von Avila einst. Und ich liebte tatsächlich alles: die Stille und Einsamkeit der langen Wanderungen, die wechselnden Landschaften, die ich durchquerte, die offene, spontane Herzlichkeit der Begegnungen mit den anderen Pilgern, die vielen kleinen und die bedeutsameren Ereignisse rund um den Weg. Selbst die beständigen Schmerzen, die Erschöpfung, das Leiden an der Unbequemlichkeit schienen mir sinnvoll und ganz selbstverständlich. Keine Aufgaben. Keine Terminpläne. Keine Eile. Nur eine endlose Abfolge von elementaren Tätigkeiten wie Laufen, Schauen, Essen, Begegnungen, Schlafen, wieder Laufen, Schauen ... In dieser äußerlichen Monotonie fand ich ein Glück, mehr noch: ein tiefes Gefühl für Sinnhaftigkeit, die im prall gefüllten Alltag allzu oft verloren gehen.

Trotz meiner Faszination war ich von dem Wunsch beseelt, eine fassbare, formulierbare Erkenntnis zu gewinnen, die ich sozusagen mit nach Hause nehmen konnte. Als ich in Sarria mit einer Gruppe Pilger rund um den Kamin in der Herberge saß, fragte ich einen älteren, erfahrenen Pilger – einen von jenen, die es immer wieder auf den Weg zurückzieht –, wann sich denn wirklich etwas ereignen würde. »Ich meine, ich bin glücklich, ich genieße den Camino, ich habe tolle Leute kennengelernt, aber ich habe noch keine einzige wirklich bedeutende Erkenntnis gehabt, keine Einsicht, einfach nichts.« Und das war nicht etwa zu Beginn des Wegs, sondern es waren gerade noch einmal 100 km bis Santiago! Er lächelte wissend: »Das kommt später. Lauf einfach weiter.«

Das tat ich. Und in der Rückschau begriff ich, dass der Gewinn einer Pilgerreise in der Erfahrung einer Daseinsqualität besteht, die sich eher in Empfindungen als in einer reflektierten, »zu Ende gedachten« Erkenntnis ausdrückt. Die Gefühle von Tiefe, Lebendigkeit, Vertrauen, Präsenz oder Dankbarkeit, die der Weg mir schenkte, waren letztlich mehr als ich erwartet hatte. Wenn ich in den erwachenden Morgen lief, vor mir die Straße und mein meterlanger Schatten, der gen Westen, Santiago, wies, und noch weiter Richtung Kap Finisterre am Atlantik, das für das mittelalterliche Europa das »Ende der Welt« darstellte, hätte ich jubeln können vor Glück. Dennoch verwirrte es mich auch: So einfach sollte das sein? Nachdem ich viele Jahre als Lektorin für psychologische und spirituelle Bücher gearbeitet hatte und meinte, sämtliche Rezepte für das »gute Leben« zumindest in der Theorie zu kennen, fand

Der Schatten eines Pilgers irgendwo in Navarra

ich es sehr überraschend, dass in diesem schlichten Gehen, das weder Methoden noch Techniken braucht, so viel Glückspotenzial stecken konnte.

Doch so einfach, so schwierig auch. Denn kaum war ich von der Reise nach Hause zurückgekehrt, beobachtete ich, wie mein »geistiger Computer« wieder hochfuhr und sich meine Festplatte peu à peu wieder füllte; alle Programme mit den alten, vertrauten Mustern, die für viele Wochen scheinbar gelöscht waren, luden sich unbarmherzig wieder neu, es war, als hätte ich die Pilgerreise nie unternommen. War der Jakobsweg also doch nur ein besonders gelungener Abenteuer- und Selbsterfahrungstrip gewesen, von dem nicht viel mehr übrig blieb als eine wunderbare Erinnerung? Wenn mich Freunde und Bekannte nach meiner Rückkehr teils neugierig, teils spöttisch fragten: »Und – bist du jetzt eine andere?«, lautete meine Antwort stets: »Nein, doch auf dem Weg war ich eine andere.«

Echte Veränderung geschieht langsam. Der Wunsch nach Instant-Lösungen beruht auf unserem Bedürfnis, alles »Ungelöste in unserem Herzen« – wie Rainer Maria Rilke es nennt – sofort zu lösen. Mir wurde klar, dass die Lektionen, die der Jakobsweg bietet, nur Schritt für Schritt ins Leben integriert werden können. Und ich werde noch viele, viele Kilometer laufen müssen, bis ich in der Lage bin, sie ganz in meinem Leben umzusetzen, möglicherweise braucht es dafür ein ganzes Leben.

In diesem Buch habe ich das, was mich der Camino lehrte, zusammengefasst. Um alles wirklich zu verstehen, begab ich mich auf einen weiteren Pilgerweg, tief hinein nämlich in die Lehren der Mystiker und Weisen, die seit Jahrtausenden den Weg zu wahrem Einssein mit dem Leben und sich selbst kennen. Dabei habe ich für mich nochmals neu entdeckt, wie viel konkrete Hilfestellung für das alltägliche Leben sie bieten. Das Wissen der spirituellen Traditionen wird seit jeher von Generation zu Generation den neuen Gegebenheiten angepasst und ist deshalb heute ebenso gültig wie zur Zeit seiner Entstehung. Mir haben diese Weisheitsfunken eine neue Sichtweise nahegebracht und gezeigt, dass es durchaus möglich ist, einen Teil der Pilgerschaft in den Alltag zu integrieren. Die vielen meditativen Übungen, die ich zusammengestellt habe, beruhen auf diesen alten Lehren und können auf spielerische Weise dabei helfen, sich – im Wortsinn! – Schritt für Schritt zum Lebenspilger zu entwickeln.

Wenn ich in diesem Buch meist vom »Camino« und seltener vom »Jakobsweg« spreche, so liegt das nicht nur daran, dass ich mich auf dem Jakobsweg selbst, wo die Verständigungssprache Englisch ist, daran gewöhnt habe. Zum einen steht der Jakobsweg stellvertretend für alle anderen Pilgerwege. Zum anderen verweist »Camino«, das spanische Wort für »Weg«, zugleich auf unseren »größeren« Weg; jeder Einzelne von uns geht letztlich seinen persönlichen Camino.

Wie viel Weisheit sich in den Worten des Pilgers in Sarria verbarg, der mir auf meine Frage den schlichten Rat gab, einfach weiterzulaufen, entdeckte ich erst viel später, als ich in einem buddhistischen Buch amüsiert ein Zitat des Buddha entdeckte, das mich an jenes Gespräch vor dem Kamin erinnerte. Die letzten Worte, die der Buddha vor seinem Tod an seine Schüler gerichtet haben soll, lauteten: »Geht weiter!«

Die Pilgerreise als Lebensweg

Im Grunde ist die Lebensreise
des Menschen eine Pilgerfahrt,
auf der er durch heilige Orte kommt,
die die Seele weiten und bereichern.
John O'Donohue

Der Wanderer, der sich eine Straße entlang müht, auf dem Weg zu einem weit entfernten Ziel, ist eines der ältesten universellen Bilder dafür, was es heißt, Mensch zu sein. In jenem einsamen Pilger spiegelt sich der Weg eines jeden von uns: Jeden Tag brechen wir auf zu einer neuen Etappe. Wir erleben Schönheit und Freude, halten an, um zu genießen, und müssen doch irgendwann weitergehen. Wir erfahren Schmerzen und Entbehrungen, finden Trost und Unterstützung und setzen unseren Weg fort. Wir begegnen Menschen, die Freunde werden, und verlieren sie wieder. Wir sind bezaubert von Landschaften und Orten, lassen uns nieder, vergessen für eine Weile, dass wir noch ein Stück Weges vor uns haben, um dann wiederum loslassen und weiterziehen zu müssen. Das Ziel mag schemenhaft sein und in weiter Ferne liegen, und doch gibt es uns die Kraft, uns nach Tiefschlägen wieder aufzuraffen und Mut zu schöpfen.

Es gibt eine alte Geschichte, die in verschiedenen Versionen im jüdischen und christlichen Kulturkreis erzählt wird und dieses Bild des Menschen als ewigen Reisenden in Worte fasst:

Ein Mann aus New York reiste nach Europa, um einen berühmten Rabbi zu besuchen. Doch welche Enttäuschung empfand er, als er in der kleinen Mietwohnung des Rabbi eingelassen wurde, deren Mobiliar einzig aus einem Bett, einem Stuhl und einigen Büchern bestand. Er hatte weit mehr erwartet. »Aber Rabbi, wo sind denn Ihre Sachen?«, fragte er. »Wo sind denn die Ihren?«, fragte der Rabbi zurück. »Ich bin nur auf der Durchreise«, antwortete der Mann. »Ich auch«, entgegnete der Rabbi.

Das Ziel des Pilgers ist die Ganzheit, das Einssein mit dem Leben, der Weg dahin ein ständiges Finden und Wieder-Loslassen, eine Abfolge von Wegkreuzungen, Abbiegungen und Umwegen. Indem wir uns auf eine Pilgerreise begeben, auf dem Rücken nur das Nötigste, was wir tragen können, erleben wir – bildlich gesprochen – eine Lebensreise in konzentrierter Form. Vielleicht erscheinen uns deshalb alle Begebenheiten, die uns auf dem Pilgerweg widerfahren, so bedeutsam, weil sie im Kleinen widerspiegeln, was im Großen die Realität unseres Lebens darstellt. Äußerlich erleben wir den Camino als Gegenwelt zu unserem Alltag und erfahren ihn doch gleichzeitig als Symbol für unsere innere Seelenlandschaft. Denn so verschieden sich Pilgerweg und Alltag zunächst anfühlen mögen, wir werden dort in derselben Weise – oder sogar noch viel intensiver – mit uns selbst konfrontiert wie hier. Wenn man die Pilgerreise in dieser Weise betrachtet, kann auch alles, was wir dort erfahren, eine Lektion für unser Leben darstellen.

Was die Situation des Pilgers auszeichnet, ist die kreative Spannung zwischen dem Streben, das Ziel zu erreichen, und dem Wissen, es noch nicht erreicht zu haben – zwischen dem »jetzt gleich« und dem »noch nicht«. Der Benediktinerpater David Steindl-Rast vergleicht das Bild des Pilgers mit denen des Siedlers und des Nomaden. Der Siedler hat den Mut, sich für eine Sache zu entscheiden und zu binden, fürchtet jedoch die Ungewissheit des Auf-dem-Weg-Seins. Nur das Ankommen zählt. Der Nomade hingegen hat den Mut, immer wieder neu aufzubrechen, doch gleichzeitig schreckt er davor zurück, sich einer Sache ganz zu verpflichten. Das Suchen wird zum Selbstzweck, und das Finden erscheint bedrohlich, denn es würde das Spiel verderben. Den Nomaden fasziniert ausschließlich das »noch nicht«. Steindl-Rast fordert uns auf, den Wagemut des Siedlers und des Nomaden zu verbinden, denn das gibt uns den Mut des Pilgers: »Der Pilger weiß, dass sich jeder Schritt auf dem Weg als das Ziel herausstellen kann, andererseits kann sich das vermeintliche Ziel als doch nur ein Schritt auf dem Weg erweisen.« Es ist die Hoffnung und die Offenheit für Überraschungen, die den Pilger kennzeichnet.

Leo Tolstoi erzählt die Geschichte von zwei alten russischen Bauern, die zu einer Pilgerfahrt nach Jerusalem aufbrechen. Wiedergegeben ist sie in meinen eigenen Worten:

Auf ihrer Pilgerreise nach Jerusalem wandern die beiden Bauern viele Wochen lang von Dorf zu Dorf, immer in Richtung Schwarzes Meer, wo sie auf ein Schiff hoffen, das sie in das Heilige Land bringen würde. Auf dem Weg dorthin verlieren sie einander, als der eine bei einer Hütte anhält, um seinen Wasserschlauch zu füllen. Weil der andere denkt, dass sein Freund schon vorgegangen sei, marschiert er weiter, in der Erwartung, ihn im Hafen wiederzutreffen. Dort jedoch keine Spur von ihm. Nach tagelangem erfolglosem Warten segelt der Pilger allein ins Heilige Land. In Jerusalem erblickt er seinen Freund mit einem Mal vorne beim Altar, doch bevor er sich noch seinen Weg durch die Menge bahnen kann, hat er ihn schon wieder aus dem Blick verloren. Ein zweites und ein drittes Mal gewahrt er ihn in der Menge, doch niemals gelingt es ihm, ihn einzuholen. Schließlich muss er sich allein auf die Heimreise begeben.
Als er viele Monate später in sein Dorf zurückkehrt, trifft er seinen Freund wieder. Dieser ist nie in Jerusalem gewesen. In jener Hütte, in der er um Wasser bat, fand er eine Familie, die arm, krank und fast

verhungert war. Er half ihnen, pflegte sie, kaufte ihnen zu essen und bezahlte ihre Schulden. So blieb ihm gerade noch genug Geld übrig, um nach Hause zurückzukehren. Als der andere die Geschichte gehört hat, fragt er sich, wer von ihnen beiden das wahre Ziel der Pilgerreise erreicht hat.

Die moderne westliche Gesellschaft ist nach vielen Jahrhunderten des »Siedlertums« mehr und mehr zum Nomadentum zurückgekehrt – so die Feststellung zahlreicher Kultur- und Sozialwissenschaftler angesichts des Wandels unserer Zivilisation während der letzten 50 Jahre. Die Anforderungen an Mobilität und Flexibilität sind heute vor allem im Arbeitsleben ungeheuer hoch, der berufliche Weg besteht in einer ständigen Anpassung an die sich rasch verändernden Gegebenheiten. Das Privatleben steht dem in nichts nach: Lebensabschnittspartner, Fernbeziehungen oder Patchworkfamilien sind heute Normalität, und auch die Freizeit muss geplant und getaktet werden, um dem Tempo standzuhalten. Ein langfristiges Ziel zu finden, das einen wirklich erfüllt, und es im ruhigen und gleichmäßigen Rhythmus zu erreichen suchen, erscheint fast naiv, denn wie soll man wissen, ob in einem Jahr die Dinge nicht schon ganz anders aussehen als heute? Als Folge sieht der französische Philosoph Pascal Bruckner den modernen Menschen als »hyperaktiven Nichtstuer«, der rastlos unterwegs ist, ständig mit irgendetwas beschäftigt, ohne jemals irgendwo anzukommen oder seine vielfältigen Aktivitäten in einem sinnvollen Tun zu bündeln. Zwar gilt es nach wie vor als positiv, sich Ziele zu setzen, doch unter dem Druck der ständigen Flexibilität erhalten diese häufig den Charakter von Vorläufigkeit, sodass wir nicht mehr wirklich daran glauben können. Schon Mark Twain bemerkte über die Gefahr von Orientierungslosigkeit lakonisch: »Als sie das Ziel aus den Augen verloren, verdoppelten sie ihre Anstrengung.«

Vielleicht ist die momentane Faszination am Jakobsweg deshalb so groß, weil wir im Pilgern eine Qualität des Daseins finden, die uns in unserem normalen Leben verloren gegangen ist. Die folgende kleine Meditation hilft uns, unsere momentane Etappe auf unserem eigenen Lebens-Pilgerweg zu orten. Auf dem Camino waren es die gelben Pfeile, die uns in regelmäßigen Abständen und vor allem an Kreuzungen und Wegbiegungen das beruhigende Gefühl gaben, den richtigen Weg zu gehen, im normalen Leben ist es hilfreich, von Zeit zu Zeit innezuhalten und zu überprüfen, wo wir stehen.

Innehalten

Suchen Sie sich einen Ort, an dem Sie sich wohlfühlen, sei es eine ruhige Ecke in Ihrem Zuhause oder in der Natur. Auch ein Spaziergang eignet sich für diese Übung. Beobachten Sie eine Weile Ihren Atem, wie er ein- und ausströmt, schließen Sie die Augen oder lassen Sie – wenn Sie gehen – den Blick schweifen, ohne etwas zu fixieren. Bringen Sie Ihren Geist sanft zur Ruhe. Stellen Sie sich dann die folgenden Fragen und

nehmen Sie sich nach jeder Frage genügend Zeit, um Antworten oder Bilder aus Ihrem Inneren auftauchen zu lassen:
Wenn ich mein Leben als Pilgerweg betrachte, welche Etappe des Weges durchschreite ich gerade? Ist es eine freundliche Hügellandschaft, ein luftiger Gebirgszug, eine lange Straße über eine kahle Ebene oder vielleicht der Vorort einer großen Stadt? Wie fühlt sich mein Gehrhythmus an? Gehe ich mit gleichmäßigen Schritten, haste ich oder fühle ich mich zurzeit zu müde, um überhaupt einen Schritt zu tun? Oder ist mein Rhythmus wechselhaft, einmal eilend, dann wieder langsam?
Habe ich ein Ziel, das mich wirklich erfüllt? Ein Ziel, das nicht nur äußeren Anforderungen entspricht, sondern meiner Sehnsucht und meinen innersten Impulsen? Habe ich das Gefühl, dass der Weg, den ich eingeschlagen habe, der richtige ist? Oder suche ich nach einem Wegweiser, der mir hilft, auf die eigentliche Route zurückzufinden? Ist es möglicherweise Zeit für einen neuen Aufbruch? Vernehme ich einen inneren Ruf?

Wichtig bei der Übung des Innehaltens wie bei allen folgenden kontemplativen Übungen ist es, bei der Betrachtung zu bleiben und nicht gleich in den Problemlösungsmodus umzuschalten. Wenn wir zu rasch ins problemlösende Denken verfallen, besteht die Gefahr, dass wir uns nur wieder auf die »ausgetretenen Pfade« begeben und das tun, was wir immer schon getan haben. Die leise Stimme der Intuition braucht Zeit und Stille, um sich zu Wort zu melden.

Die Zeit, bis wir die Antworten auf unsere großen Lebensfragen finden, kann lang sein, sicherlich meist sehr viel länger als die Zeit, die wir für diese Übung aufwenden. Diese Zwischenzeit, in der wir wissen, dass wir aufbrechen müssen, jedoch unser Ziel noch nicht kennen, können wir positiv nutzen. Rainer Maria Rilke schrieb in seinen ›Briefen an einen jungen Dichter‹ die berühmten Zeilen: »Ich möchte Sie, so gut ich es kann, bitten, Geduld zu haben gegen alles Ungelöste in Ihrem Herzen und zu versuchen, *die Fragen selbst* liebzuhaben wie verschlossene Stuben und wie Bücher, die in einer sehr fremden Sprache geschrieben sind. Forschen Sie jetzt nicht nach den Antworten, die Ihnen nicht gegeben werden können, weil Sie sie nicht leben könnten. Und es handelt sich darum, alles zu leben. *Leben* Sie jetzt die Fragen. Vielleicht leben Sie dann allmählich, ohne es zu merken, eines fernen Tages in die Antwort hinein.« Besser kann man die Haltung des Pilgers nicht in Worte fassen.

Ein Pilger zu sein bedeutet, bereit zu sein, mit der Ungewissheit zu leben, was innen und außen geschieht, während man Tag für Tag dem Ziel seiner Reise entgegenschreitet. Was immer sich im Inneren vollzieht, kann weder geplant noch so kartiert werden wie die Route in einem Reiseführer. In Navarra las ich folgenden Satz, der in großen Lettern auf eine Mauer geschrieben war: »Pilger, warum gehst du diese Straße?« In vielen Strophen wurden dann vielfältige

Gründe dafür genannt, um alle in einer Zeile zusammenzufassen: »Nur der Eine weiß es.« Jeder Pilger geht den Camino aus ganz persönlichen Gründen, doch oft vermag er diese gar nicht zu benennen, sondern verspürt nur den dringenden Wunsch, es zu tun.

Wie so viele andere erfuhr ich die Kraft des Camino im Gehen selbst, weniger im Erreichen Santiago de Compostelas. Der irische Dichter C.P. Cavafy beschreibt in seinem Gedicht ›Ithaka‹ die Reise des Lesers zur Insel Ithaka, eine Reise voller guter und gleichzeitig schwieriger Erfahrungen und Lektionen. Das Gedicht schließt mit einer Beschwörung des Ziels als Motivation für unsere innere Entwicklung:

Die Insel Ithaka schenkte dir die schöne Reise.
Ohne sie hättest du dich gar nicht auf den Weg gemacht.
Mehr hat Ithaka dir nicht zu schenken.
Und auch wenn dir Ithaka kärglich erscheint,
so hat es dich doch nicht genarrt.
Da du so reich wurdest an Weisheit und Erfahrung,
wirst du gewiss verstanden haben, was diese Ithakas bedeuten.

Wir stehen vor dem Paradox, dass wir ein Ziel brauchen, um es nach Erreichen wieder hinter uns zu lassen, weil es eigentlich nicht um das Ziel ging, sondern um den Weg. Dennoch ist das Ziel wichtig für den Weg: »Wo das Ziel schön ist, verwandelt sich die ganze Reise in ein Abenteuer der Schönheit«, schreibt der irische Mystiker und Philosoph John O'Donohue. Und weiter: »Nimmt man sich die Zeit, voller Ehrfurcht zu reisen, dann entfaltet sich vor einem ein reicheres Leben. Dann schmücken Momente der Schönheit den Alltag.«

Den eigenen Weg »in Schönheit« gehen – ein großes Ziel! Doch wie reist man »voller Ehrfurcht«? Der Camino gab eindeutige Antworten: mit Achtsamkeit für das, was geschieht, Hingabe an das, was man tut, im Loslassen dessen, was belastet. Auf einer anderen Häuserwand irgendwo auf dem Jakobsweg las ich den Satz: »Peregrina, du gehst nicht den Pfad, DU bist der Pfad, und deine Schritte sind der Camino.« Es geht nicht darum, *was* wir tun, sondern *wie* wir leben, wie wir – nach Rilke – auf die Fragen, die das Leben uns stellt, antworten. Ebenso wie wir damit nicht warten, bis wir Santiago erreicht haben, sollte nicht der Tod der Zielpunkt sein, um zu werden, wer wir zu sein bestimmt sind.

Achtsamkeit, Hingabe und Loslassen sind Themen, die in den folgenden Kapiteln ausführlich behandelt werden, deswegen möchte ich hier als Einstimmung auf das Thema nur eine kleine Übung vorstellen, die später auf verschiedene Bereiche angewendet wird, vor allem auf das Gehen. Der vietnamesische Zen-Mönch Thich Nhat Hanh hat vor mehr als 30 Jahren in seinem spirituellen Klassiker ›Das Wunder der Achtsamkeit‹ eine Alltagsmeditation vorgestellt, die zeigt, wie man selbst unspektakuläre oder lästige Tätigkeiten wie das Geschirrspülen voller Achtsamkeit ausführen kann:

Durch das Bierzo

»Wenn man abwäscht, sollte man nur abwaschen, d.h. man sollte sich dabei völlig bewusst sein, dass man abwäscht.« Auch wenn das auf den ersten Blick albern erscheinen mag, so liegt darin doch letztlich das Geheimnis eines wirklich erfüllten Daseins: Großartige Dinge zu genießen ist kein Kunststück, das können wir alle; wer jedoch die langen Phasen zwischen den »Highlights« in Achtsamkeit, »in Schönheit«, leben kann, macht sich unabhängig von den äußerlichen Umständen. »Die Tatsache, dass ich hier stehe und diese Schalen abwasche, ist eine wunderbare Wirklichkeit. Ich bin völlig ich selbst, folge meinem Atem und bin mir meiner Gegenwart bewusst«, fährt Thich Nhat

Hanh fort. Das gilt für alles, was wir tun: Wenn wir alle Tätigkeiten unseres Alltags mit absoluter Hingabe und Interesse erledigen, schließen wir Frieden mit dem Augenblick und sind im Einklang mit uns selbst.

Achtsamkeit

Wenn Sie das nächste Mal eine langweilige, unspektakuläre oder gar lästige Tätigkeit ausführen, wie beispielsweise – nach Thich Nhat Hanh – Geschirrspülen, verrichten Sie sie langsam und entspannt. Jedes Detail ist Gegenstand Ihrer aufmerksamen Betrachtung: Beim Abwasch betrachten Sie jeden Teller so, als sei er ein heiliger Gegenstand. Achten Sie auf Ihren Atem, wie er ein- und ausströmt, das verhindert, dass Ihr Geist abschweift. Lassen Sie keine Einzelheit Ihrer Bewegung geschehen, ohne sich ihrer bewusst zu sein. Nehmen Sie wahr, wie sich das warme Spülwasser anfühlt oder die Oberfläche des Porzellans. Versuchen Sie, sich nicht zu beeilen, um die Arbeit hinter sich zu bringen. Wenn Sie Widerstand verspüren, nehmen Sie ihn einfach nur wahr und kehren mit Ihrer Aufmerksamkeit zu Ihrem Atem und zum Geschirrspülen zurück. Betrachten Sie Ihre Tätigkeit als das Wichtigste auf der Welt.

Dieselbe Alltagsmeditation können Sie anwenden, wenn Sie sich Tee zubereiten, ein Bad nehmen oder das Picknick auf einer Wanderung verzehren. In diesem Moment ist es das Wichtigste auf der Welt, aus dem einzigen Grund, weil Sie es tun.

Wer »in Schönheit« abwaschen kann, kann alles in Schönheit tun. John O'Donohue, von dem das oben genannte Zitat stammt und mit dem ich eine Zeit lang zusammenarbeiten durfte, war in diesem Sinne ein echter Pilger, auch wenn er meines Wissens nie einen der klassischen Pilgerwege gegangen ist. Sein Ziel war groß: Der ehemalige Priester strebte nichts Geringeres an als Gotteserkenntnis. In seinem Alltag jedoch hatte er die bewunderungswürdige Gabe, sich für alles, was ihm begegnete, mit kindlicher Freude zu begeistern, sei es für ein Gemälde in der Galerie, den Taxifahrer, der ihn zu seinem nächsten Vortrag brachte, oder für eine Zeile, die er gerade in einem Buch gelesen hatte. Auch ganz banalen Situationen konnte er eine Komik abgewinnen, die sonst niemand bemerkte, und brachte alle damit zum Lachen. Und selbst den Steinen in seiner irischen Heimat Connemara, wo er bis zu seinem Tod vor einigen Jahren lebte, vermochte er eine Botschaft zu entlocken. In einem seiner Bücher stellt er fest: »Zwischen der Weise, wie wir Dinge betrachten, und dem, was wir tatsächlich entdecken, besteht ein enger Zusammenhang. Wenn es uns gelingt zu lernen, unser Selbst und unser Leben auf eine liebevolle, schöpferische und abenteuerliche Weise zu betrachten, können wir uns auf erstaunliche, wunderbare Entdeckungen gefasst machen.« Ob wir in dem, was wir gerade tun, Freude oder gar Abenteuer finden, liegt an uns selbst.

Am Schluss dieses Kapitels steht das, was eigentlich am Anfang von allem steht: der Aufbruch. Ihm

Die Pfarrkirche von O Cebreiro

voraus geht der innere Ruf. Es kann ein lebensveränderndes Ereignis sein oder eine ganz unbedeutende Begebenheit, die uns das Signal gibt, dass es Zeit ist aufzubrechen. In jüngster Zeit hat Pascal Mercier diesem Thema literarischen Ausdruck verliehen: In seinem Roman ›Nachtzug nach Lissabon‹ fällt seinem Helden, dem Gymnasiallehrer Gregorius, in einer Buchhandlung das Buch eines unbekannten Autors in die Hände, und es ist vor allem ein Satz, der ihn dazu bewegt, von heute auf morgen alles zurückzulassen, was ihm bislang etwas bedeutet hat, und sich in ein Abenteuer mit ungewissem Ausgang zu begeben: »Wenn es so ist, dass wir nur einen kleinen Teil von dem leben können, was in uns ist – was geschieht mit dem Rest?« Der innere Ruf fordert uns auf, die Anteile in uns zu leben, die noch ungelebt sind. Es ist eine Einladung zu mehr Lebendigkeit und Authentizität.

Ob es sich um einen radikalen Aufbruch handelt wie bei Pascal Mercier oder eher um einen sanften Aufbruch, so gilt doch in beiden Fällen ein Satz aus der spirituellen Tradition, der die Essenz in Worte fasst: »Auch die längste Reise beginnt mit einem ersten Schritt.« Selbst wenn man diese Weisheit aus dem ›Tao Te King‹ schon fast zu oft gehört hat, um sich davon noch beeindrucken zu lassen, ist die Wahrheit, die darin liegt, nicht zu bestreiten. Auch das wertvollste Ziel wird wertlos, wenn wir nicht irgendwann den ersten Schritt tun. Gerade dem Aufbruch steht jedoch das, was der Volksmund den »inneren Schweinehund« nennt, ungeheuer im Weg. Die Angst vor dem Ungewissen und Unbequemen oder auch einfach Lethargie halten uns allzu häufig davon ab. Vor einer langen Pilgerreise sind tatsächlich viele Vorbereitungen zu treffen, da wird geplant, abgewogen, Schuhe werden eingelaufen, die Fitness trainiert, der Rucksack Probe getragen, das Ticket gekauft und vieles mehr. Für andere Ziele sind so viele Vorbereitungen oft gar nicht notwendig. Und doch zögern wir.

Die Übung für den Aufbruch, die ich im Folgenden vorstelle, stammt ausnahmsweise nicht aus den spirituellen Traditionen, sondern von der amerikanischen

Motivationstrainerin Barbara Sher. Sie hat die Philosophie der »kleinen Schritte« zum Kern ihres Motivationsprogramms erkoren. Um ein Ziel zu erreichen, empfiehlt sie, die kleinste Einheit an Zeit und Mühe zu finden, die einem möglich ist, und die Übung dann regelmäßig durchzuführen, das kann eine halbe Stunde oder auch nur fünf Minuten täglich sein, das heißt wirklich nur das, wozu man selbst beim größten Widerstand bereit ist. Auch wenn es wenig sein mag, ist es der erste Schritt, und die Bereitschaft, die nächsten Schritte zu tun, wächst mit dem Handeln. Über die Kraft des Voranschreitens schreibt der amerikanische Essayist Henry David Thoreau, der selbst ein passionierter Wanderer war und alles zurückließ, um sich zwei Jahre in die Einsamkeit der Wälder von Massachusetts zurückzuziehen: »Das eine wenigstens lernte ich bei meinem Experimente: Wenn jemand vertrauensvoll in der Richtung seiner Träume vorwärtsschreitet und danach strebt, das Leben, das er sich einbildete, zu leben, so wird er Erfolge haben, von denen er sich in gewöhnlichen Stunden nichts träumen ließ.«

Den Aufbruch üben

Wenn Sie den Aufbruch »üben« wollen, wählen Sie sich ein Ziel aus, das Ihnen Freude bereiten würde, doch nicht so bedeutend ist, dass Sie es als »Lebensziel« bezeichnen würden. Es geht hier nur ums Üben. Das Erlernen einer Fertigkeit wie das Spielen eines Musikinstruments oder das Meistern einer neuen Sportart eignen sich beispielsweise. Verpflichten Sie sich, einen Monat lang eine halbe Stunde täglich diesem Ziel zu widmen. Nur einen Monat lang, und wenn Ihnen eine halbe Stunde zu lang erscheint, können Sie die Zeit auch auf eine Viertelstunde täglich reduzieren. Diese Übung wirkt Wunder, Barbara Sher empfiehlt sie sogar als Gegenmittel gegen Depressionen.

Wenn Ihnen kein Ziel einfällt, probieren Sie es einfach mit der Geh-Meditation, die im nächsten Kapitel beschrieben wird. Um die verändernde Kraft des Gehens zu erfahren, muss man sich nicht auf eine Pilgerreise begeben. Der dänische Philosoph Søren Kierkegaard, der an jedem Tag seines Lebens viele Stunden lief, ist nur einer von vielen, die ein Loblied auf das Gehen singen: »Vor allem verliere niemals dein Verlangen zu gehen ... Ich bin in meine besten Gedanken geradezu hineingelaufen.«

Das Wunder des achtsamen Gehens

Der leere Weg
heißt dich willkommen
mit duftend frischem Gras
und kleinen Blumen …
Der Weg ist dir ein guter Freund.
Er wird dir seine Festigkeit und
seinen Frieden schenken.
Thich Nhat Hanh

Über eine Million Schritte von Saint-Jean-Pied-de-Port bis Santiago – ohne Frage war das spektakulärste Ereignis des Camino das Gehen selbst. Die tägliche Etappe, die ich zurücklegte, das lange Wandern von einem Ort zum nächsten, wurde zu einem Ritual, einer Meditation. Alles andere war unwichtig. In dem gleichmäßigen Rhythmus der Schritte, dem langsamen Vorbeiziehen der Landschaft fand ich ein solches Glück, dass es mich, wenn ich einen Tag Pause eingelegt hatte, um meinem Körper Zeit zur Erholung zu gönnen, geradezu drängte, wieder auf den Weg zurückzukehren. Es kostete mich allerdings jedes Mal mindestens einen halben Tag, bis ich dann wieder in den zu mir passenden Rhythmus zurückfand.

Welch positive Wirkungen das Gehen auf Körper und Psyche hat, ist Medizinern hinlänglich bekannt: Gehen senkt den Blutdruck, steigert die Abwehrkräfte des Immunsystems, reduziert das Gewicht, stärkt die Herzgefäße, mildert Stress und Ängste, verbessert die mentale Leistung, vermindert Depressionsanfälligkeit und vieles mehr. In neuerer Zeit hat sich zudem in der Alternativmedizin die Meinung durchgesetzt, dass alle bipolaren Tätigkeiten, zu denen das Gehen auch gehört, therapeutisch einsetzbar sind, da sie die Gehirnhälften synchronisieren; Therapien wie EMDR (*Eye Movement Desensitization and Reprocessing* – eine Therapie zur Traumabewältigung durch Augenbewegungen) oder EFT (*Emotion Freedom Techniques* – eine Methode zur Linderung von Stress und gesundheitlichen und seelischen Störungen) beispielsweise beruhen auf der »Überkreuzbewegung«, das heißt die rechte und linke Hirnhemisphäre werden durch Augen- oder Körperbewegungen abwechselnd aktiviert. Dies könnte für ihren heilsamen Effekt verantwortlich sein. Thom Hartmann stellt in seinem Buch ›Nimm dein Problem und geh los!‹ eine Methode vor, mit deren Hilfe sogar Traumata durch eine besondere Art des Gehens geheilt werden sollen.

Auf dem Camino erfüllt das Gehen jedoch noch eine ganz andere Funktion. Während das Gehen im Alltag eine eher praktische Angelegenheit ist mit dem Zweck, uns von Punkt A nach Punkt B zu bringen, ist es auf einer Pilgerreise Selbstzweck. An einem bestimmten Punkt einer Wanderung scheinen sich alle Gehirnströme zu einem einzigen großen Fluss zu vereinigen, und es entsteht eine Harmonie, die Thomas Moore »Verzauberung« nennt, ein Verschmelzen von Körper, Atem, Geist und Natur zu einer einzigen gefühlten Einheit. Keine Vergangenheit, keine Zukunft. Nur das ewige Jetzt. Die archaische, schlichte und natürliche Aktivität des Gehens schenkt uns – laut Aussage des französischen Philosophen Frédéric Gros – gleich »tonnenweise« Präsenz. Indem wir einen Fuß vor den anderen setzen, werden wir wieder zu Kindern, die spielerisch die Welt erforschen. Auch wenn wir äußerlich auf dem Weg zu einem Ziel sind, fühlen wir uns innerlich bereits angekommen.

Das Gefühl von Präsenz hängt vor allem mit dem gleichmäßigen Rhythmus zusammen, der sich bei Langzeit-Wanderern einstellt. Der Pilger mit schwerem Gepäck auf dem Rücken schreitet gemessenen Schrittes, denn sowohl Hetzen als auch zu langsames Schlendern machen schnell müde, nur wer in ruhiger Weise zu seinem eigenen Rhythmus findet, hat die Kraft, wochenlang jeden Tag viele Stunden lang zu laufen. Welch ein Unterschied zum Alltag, in dem das Hasten ein ständiger Begleiter ist. Meist sind wir beim Gehen schon in Gedanken bei unserem Ziel und würden alle Zwischenstationen am liebsten voller Ungeduld überspringen.

In einer Passage aus ›Momo‹ lässt Michael Ende seine Figur Beppo Straßenkehrer erklären, was es auf sich hat mit dem achtsamen Gehen. Wie Beppo seine Straße kehrt, ist ein wunderbares Sinnbild für jedes Voranschreiten zu einem Ziel:

»Siehst du, Momo«, sagte er dann zum Beispiel, »es ist so: Manchmal hat man eine sehr lange Straße vor sich. Man denkt, die ist so schrecklich lang; das kann man niemals schaffen, denkt man.«
Er blickte eine Weile schweigend vor sich hin, dann fuhr er fort: »Und dann fängt man an sich zu eilen. Und man eilt sich immer mehr. Jedes Mal, wenn man aufblickt, sieht man, dass es gar nicht weniger wird, was noch vor einem liegt. Und man strengt sich noch mehr an, man kriegt es mit der Angst, und zum Schluss ist man ganz außer Puste und kann nicht mehr. Und die Straße liegt immer noch vor einem. So darf man es nicht machen.«
Er dachte einige Zeit nach. Dann sprach er weiter: »Man darf nie an die ganze Straße auf einmal denken, verstehst du? Man muss nur an den nächsten Schritt denken, an den nächsten Atemzug, an den nächsten Besenstrich. Und immer wieder nur an den nächsten.«
Wieder hielt er inne und überlegte, ehe er hinzufügte: »Dann macht es Freude; das ist wichtig, dann macht man seine Sache gut. Und so soll es sein.«
Und abermals nach einer langen Pause fuhr er fort: »Auf einmal merkt man, dass man Schritt für Schritt die ganze Straße gemacht hat. Man hat gar

nicht gemerkt wie, und man ist nicht außer Puste.«
Er nickte vor sich hin und sagte abschließend: »Das ist wichtig.«

In der Lebensphilosophie Beppo Straßenkehrers verbirgt sich das ganze Geheimnis meditativen Gehens: Schritt, Atemzug, Schritt, Atemzug ... Was sich beim Pilger nach vielen, vielen Kilometern automatisch einstellt, die Einheit von Körper, Atem und Geist, ist durchaus auch auf kürzeren Gängen erreichbar, allerdings erfordert es besondere Aufmerksamkeit. Die Versuchung, sich in seinen Gedanken zu verlieren, Probleme zu wälzen oder mit seiner Aufmerksamkeit schon längst beim Ziel zu sein, ist groß. Sogar Henry David Thoreau, der an jedem Tag viele Stunden lang wanderte, kannte diese Gefahr: »Ich bin beunruhigt, wenn es vorkommt, dass ich eine Meile durch den Wald gelaufen bin, ohne dort im Geist angekommen zu sein. Der Gedanke über eine Arbeit läuft mir durch den Kopf, und ich bin nicht da, wo mein Körper ist – ich bin nicht mehr bei Sinnen. Doch bei meinen Spaziergängen würde ich gerne wieder bei Sinnen sein.«

In allen religiösen Traditionen kennt man die spirituelle Kraft des achtsamen Gehens, im Buddhismus jedoch wurde sie zu einer eigenständigen Methode der Meditation verfeinert, die quasi überall und immer ausgeübt werden kann: »Warum denn hasten? Unsere letzte Station wird doch nur der Friedhof sein. Warum dann nicht in Richtung Leben gehen und mit jedem Schritt, in jedem Moment den Frieden genießen?«, fragt der Zen-Mönch Thich Nhat Hanh. In der Geh-Meditation sind wir bereits angekommen; wir erfahren ebenjene Achtsamkeit und hellwache Präsenz, die den Weg des Pilgers prägen. Und wir brauchen dafür nichts weiter als 20 Minuten Zeit und die Bereitschaft, uns ganz auf die Erfahrung einzulassen.

Im Folgenden stelle ich die Grundübungen der Geh-Meditation vor, wie sie im Buddhismus gelehrt werden. Dabei gibt es je nach Tradition Unterschiede in der Ausübung. Im Theravada-Buddhismus, der in südasiatischen Ländern wie Birma oder Sri Lanka praktiziert wird, führt man sie aus, ohne auf den Atem zu achten, weil sich Atem und Gehen in der Regel nach einer gewissen Zeit der Praxis von allein synchronisieren. Im Zen-Buddhismus dagegen wird der Atem mit den Schritten von vornherein bewusst verbunden. Welche der beiden Methoden man auch ausübt, wichtig ist es, die Geh-Meditation vollkommen zu genießen. Es geht nicht darum, sie *richtig* auszuführen, sondern das Gehen spielerisch neu zu erfahren wie ein Kind, das seine ersten Schritte macht.

Langsame Geh-Meditation, ohne auf den Atem zu achten

Suchen Sie sich einen ruhigen Ort in Ihrer Wohnung oder draußen, wo Sie etwa 30 Schritte hin und her gehen können. Sammeln Sie sich zunächst bei geschlossenen Augen im Stehen und nehmen Sie wahr, wie Ihre Fußsohlen den Boden berühren. Verankern Sie Ihre Füße im Boden, stellen Sie sich vor, dass von ihnen Wurzeln ausgehen, die bis in die Tiefe der Erde reichen. Öffnen Sie dann die Augen und beginnen Sie, sehr langsam zu gehen. Nehmen Sie bei jedem Schritt wahr, wie Sie den Fuß anheben, wieder absetzen und langsam abrollen lassen, während sich das Gewicht des anderen Fußes von der Ferse auf den Ballen verlagert, bevor dann dieser Fuß angehoben wird. Wenn Sie in dieser Weise am Ende des Weges angekommen sind, machen Sie eine kleine Pause, drehen sich um und halten noch einmal inne, bevor Sie den Weg zurück antreten. Gehen Sie zehn oder zwanzig Minuten hin und her. Wenn Ihre Gedanken abschweifen, nehmen Sie sie wahr, und etikettieren Sie sanft, was in Ihrem Geist auftaucht: »Denken«, »Planen«, »Hören«, und kehren Sie zurück zu Ihren Schritten. Entspannen Sie sich bei der Übung, gehen Sie locker, heiter und so natürlich wie möglich.

In seinem berühmten Buch ›Auf dem Jakobsweg‹ schildert Paulo Coelho, wie sein geheimnisvoller Lehrer Petrus ihn das »Exerzitium der Langsamkeit« lehrte: Coelho sollte 20 Minuten lang halb so schnell wie gewöhnlich voranschreiten. Während Coelho sich allerdings in seiner Erzählung damit ablenkt, Geschichten über den Ort zu erzählen, dem er sich »in nervtötender Langsamkeit« nähert, geht es bei der oben beschriebenen Meditation darum, jede einzelne Nuance der Bewegung mit Aufmerksamkeit wahrzunehmen. Wenn sich Widerstand regt – was wahrscheinlich ist –, ist es wichtig, diesen einfach nur wahrzunehmen und weiterzugehen. So ungewohnt es ist, Tätigkeiten in solcher Langsamkeit auszuführen, so liegt doch ein ungeheuer entspannender Effekt darin. Wenn der Körper langsam sein darf, dann darf auch der Geist alle Spannung loslassen.

Der Nachteil der Übung liegt jedoch fraglos darin, dass man sie in Parks oder an öffentlichen Plätzen nicht ausüben kann, ohne »aufzufallen«. Der Zen-Mönch Thich Nhat Hanh lehrt eine Methode der Geh-Meditation, bei der man in normaler Geschwindigkeit gehen kann – wobei »normal« natürlich nicht schnell meint. Der Anker der Aufmerksamkeit liegt bei dieser Methode im Atem, den man mit dem Rhythmus der Schritte verbindet.

Geh-Meditation mit Achtsamkeit auf den Atem

Beginnen Sie auch diese Übung im Stehen. Sammeln Sie sich und verankern Sie Ihre Füße im Boden. Entspannen Sie Nacken, Schultern und Hüfte, lockern Sie Arme und Hände. Folgen Sie mit Ihrer Aufmerksamkeit Ihrem Atem, der sanft ein- und ausströmt. Richten Sie Ihren Blick auf einen Punkt einige Meter vor Ihnen, ohne ihn zu fixieren. So ist der Nacken nicht gebeugt. Beginnen Sie zunächst wie oben, sehr langsam zu gehen, wobei Sie den Einatem mit einem Schritt verbinden, den Ausatem mit dem nächsten. Sie können im Geist mitsprechen: »ein« – ein Schritt, »aus« – ein Schritt, »ein« – ein Schritt, »aus« – ein Schritt. Auf Ihrem

Gesicht liegt ein Halblächeln, gehen Sie, »als wären Sie der glücklichste Mensch auf Erden« (Thich Nhat Hanh).
Wenn Sie diese Meditation auf Ihren Spaziergängen und Wanderungen ausführen wollen, wenden Sie einen anderen Atemrhythmus an, der zu Ihrer normalen Gehgeschwindigkeit passt. Bei jedem Atemzug gehen Sie drei Schritte und zählen Sie im Geist mit: »ein ... 2 ... 3«, »aus ... 2 ... 3«, »ein ... 2 ... 3«, »aus ... 2 ... 3«. Wenn Ihre Gedanken abschweifen, nehmen Sie es einfach nur wahr und kehren Sie sanft zu Ihrem Atem und Ihren Schritten zurück.

Wichtig bei der Geh-Meditation ist, dass der Atem nicht manipuliert wird, sondern der Geh-Rhythmus dem Atem angepasst wird. Es gibt andere Techniken wie »Breath Walking« beispielsweise, wo durch die bewusste Steuerung des Atems beim Gehen gezielt mentale Veränderungen hervorgerufen werden; das widerspricht jedoch der sanften Ausrichtung der Achtsamkeitsmeditation, wo das entspannte und präsente Wahrnehmen im Vordergrund steht. Wenn Sie also feststellen, dass Ihr natürlicher Atemrhythmus eher dem Rhythmus von zwei oder vier Schritten pro Atemzug entspricht, wählen Sie ihn entsprechend. Es kann auch sein, dass der Ausatem länger ist als der Einatem, dann ist der Rhythmus vielleicht »ein ... 2 ... 3«, »aus ... 2 ... 3 ... 4«. Jeder Rhythmus ist in Ordnung, solange er sich gut und natürlich anfühlt.

Der Atem ist wie ein Seismograph, der alle Bewegungen der Seele aufzeichnet: Angst schnürt den Hals zu, Erleichterung lässt aufatmen. Wer dauerhaft zu flach atmet, verliert Lebensenergie, umgekehrt kann man negative Gefühle wie Wut, Ärger oder Furcht einfach wegatmen. Schon der Buddha gab aufgebrachten Mönchen den Rat: »Geh in deine Zelle und zähle deinen Atem.« In seinem gleichmäßigen Rhythmus symbolisiert der Atem den Fluss von Geben und Nehmen, von Befreiung und Erneuerung. Der Atem ist deshalb von jeher eines der wichtigsten Werkzeuge der Meditation. Indem wir ihn beobachten und seinem Weg von den Nasenflügeln durch den Körper bis zum Beckenboden nachspüren, tasten wir uns zu unseren seelischen Räumen vor. Wenn wir unsere Aufmerksamkeit auf den Atem richten, bringen wir das pausenlose Geschnatter unseres Geistes zur Ruhe und gewinnen Präsenz und Klarheit.

»In dem Atemzug, den wir in diesem Augenblick tun, liegt das ganze Geheimnis, zu dem alle großen Lehrer uns führen wollen«, schreibt der Naturforscher und Schriftsteller Peter Matthiessen. »Das Ziel der Meditationspraxis ist nicht die Erleuchtung, sondern die Fähigkeit, zu jeder Zeit nur der Gegenwart und nichts außer der Gegenwart Beachtung zu schenken.« Der Atem bringt uns ins Hier und Jetzt. Thich Nhat Hanh vergleicht den Atem in der Meditation mit einem Seil, an dem jemand hinaufklettert. So wie dieser jeden Halt verliert, sobald er loslässt, verlieren auch wir unser Gewahrsein des gegenwärtigen Moments, wenn wir den Atem loslassen. Unsere Gedanken haben uns sofort wieder voll im Griff.

Die Kombination von Atmen und Gehen in der Meditation wirkt Thich Nhat Hanh zufolge nährend und heilend. Wir empfinden mehr und mehr Frieden, Gelassenheit und Freude. Die Wirkung können wir noch vertiefen, indem wir Worte in die Meditation integrieren, die wir still für uns im Geist sprechen, beispielsweise – wie Thich Nhat Hanh empfiehlt – »Ich bin angekommen« beim Einatmen, »Ich bin zu Hause« beim Ausatmen. Über unsere Sinne können wir zudem die Außenwelt in unsere Meditation integrieren. Beide Methoden werden in späteren Kapiteln ausführlich beschrieben (siehe Seite 88 f. und 110 f.). Wer gerne visualisiert, kann sich auch vorstellen, unter jedem seiner Schritte wachse eine Blume, gemäß der alten Legende, die erzählt, dass bei den ersten Schritten, die der Buddha als Neugeborener getan habe, Lotosblumen unter seinen Schritten gewachsen seien. Der Fantasie beim Variieren sind keine Grenzen gesetzt.

In ihrem Roman ›Was machen wir jetzt?‹ beschreibt Doris Dörrie auf humorvolle Weise, wie sich ihr Held Fred Kaufmann beim Versuch, seine Frau zurückzugewinnen, unfreiwillig in einem buddhistischen Meditationszentrum in Frankreich wiederfindet und überrascht das Wunder des achtsamen Gehens entdeckt:

Ich drehe mich um, schaue nach, ob jemand guckt, aber nur in der Entfernung nestelt jemand an seinem Zelt herum. Vorsichtig setze ich einen Fuß vor den

anderen. Weich gibt der Waldboden nach. Niemand sieht mich, ich werde mutiger. Ein Schritt, ein Atemzug. Ein – aus. Schritt für Schritt.
Zuletzt bin ich, glaube ich, als kleiner Junge barfuß durch den Wald gegangen. Trockene Blätter und kleine Zweige knacken unter meinen Füßen, das Moos ist kühl und feucht, dann wieder spüre ich sonnengewärmte Flecken an meinen Fußsohlen. Ein – aus. Es ist gar nicht so schwierig, nur gerate ich bei dem Tempo ein wenig ins Schwanken, als hätte ich zu viel getrunken. Wenn ich allerdings nur ans Atmen denke, geht es besser. Langsam gehe ich in den Wald hinein, Schritt für Schritt, und mit einem Mal habe ich tatsächlich das Gefühl, ein wenig zu schweben.
Ich kichere vor Überraschung, schwebe weiter. Schritt für Schritt. Atemzug für Atemzug. Gedanken und Gefühle fallen von mir ab wie Fetzen einer alten Haut. Ich lasse sie hinter mir und hebe sie nicht wieder auf, entferne mich von meinem Müllhaufen, Schritt für Schritt.
Ich gehe weiter und weiter. Nach einer Weile denke ich nicht mehr über die Koordination von Atem und Schritten nach. Ich gehe, das ist alles. Es gibt nur noch mich und diesen Wald, und nach einer Weile gibt es nur noch den Wald. Den weichen Boden, die Temperaturunterschiede der Luft, je nachdem, wie dicht die Bäume zusammenstehen, die Silberfäden der Spinnennetze im Gegenlicht, das Surren der Insekten, die Rufe der Vögel. Ich gehe und vergesse mich und bemerke zu meinem Erstaunen, dass ich glücklich bin.

Grundlos glücklich, was mir mit einem Mal als das größte Glück überhaupt erscheint. Es hat keinerlei Ursprung außer der Tatsache, dass ich jetzt hier *bin.*

Über das meditative Gehen und Atmen intensivieren wir auch auf eine sehr sanfte Weise die Verbindung zu unserem Körper. Gerade durch die Langsamkeit der Bewegungen spüren wir seine feinen Regungen besser als bei schweißtreibendem Sport. Es kommt beim meditativen Gehen mehr auf ein Geschehen-Lassen an als auf ein Machen, und wir dürfen dabei vollkommen entspannen. Die Erde trägt uns. Es gibt nichts zu gewinnen, nichts zu erreichen, wir müssen nichts leisten. Die Praxis der Achtsamkeit verhindert, dass wir darüber in ein lässiges Schlurfen verfallen. Über ein sanftes Bodyscanning können wir die Bewusstheit für unseren Körper beim Gehen noch verstärken.

Den Körper spüren

Lassen Sie beim Gehen Ihre Aufmerksamkeit sanft durch Ihren Körper wandern. Beginnen Sie mit Kopf und Nacken: Ruht der Kopf entspannt auf Ihrem Nacken? Fühlt sich der Nacken locker oder verspannt an? Wiegen und drehen Sie den Kopf einige Male ganz zart, nur wenige Zentimeter, hin und her, um die Muskeln zu lockern, und stellen Sie sich vor, dass der Mittelpunkt Ihres Scheitels über eine Schnur mit dem Himmel verbunden ist. Das richtet den Körper auf. Dann lenken Sie Ihre Auf-

merksamkeit auf Ihre Schultern. Sind sie hochgezogen, spüren Sie hier eine Verspannung? Wenn ja, drücken Sie die Schultern nicht mit Kraft hinunter, sondern stellen Sie sich vor, dass die festgehaltene Energie aus Ihren Schultern in die Region Ihres Unterbauchs sinkt und von dort über die Füße an den Boden abgegeben wird.
Wir fühlt sich Ihre Hüfte an? Ist sie locker und entspannt? Die Ellenbogen? Die Hände? Spüren Sie die Knie: Fühlen sie sich weich und geschmeidig an? Und schließlich die Füße: Nehmen Sie wahr, wie Ihre Fersen auf dem Boden aufsetzen, wie der Fuß abrollt und sich dann wieder hebt. Ist Ihr Schritt sicher, entschlossen und vertrauensvoll? Spüren Sie schließlich den Kontakt mit der Erde, die Ihren Körper verlässlich trägt.

Eine wochenlange Pilgerreise zu Fuß fordert den Körper häufig bis zum Äußersten. Wenn man durchhalten will, ist es nötig, ein feines Gespür für seine Bedürfnisse zu entwickeln. Ist dieser ungewohnte Sehnenschmerz am Schienbein nur das Signal einer harmlosen Überforderung, von der ich mich in einer Nachtruhe wieder erhole, oder bahnt sich möglicherweise eine Sehnenscheidenentzündung an? Braucht mein Körper einen Tag Pause? Trinke ich genug? Ist diese große Blase an der Ferse gefährlich, oder reicht das übliche Blasenpflaster, um weiterzumarschieren? Schaffe ich an diesem Tag wieder 30 Kilometer, oder sollte ich es heute bei 20 belassen?

Entsprechend ändert sich das Verhältnis zum Körper. Ich empfand Hochachtung vor seiner unendlichen Anpassungsfähigkeit, vor seiner Durchhaltekraft und Stärke. Nach einer besonders schwierigen Etappe hätte ich ihm am liebsten auf die Schulter geklopft: Gut gemacht! Anders als im Alltag, wo für mich vor allem von Interesse ist, dass er gut funktioniert, gesund ist, halbwegs attraktiv aussieht und mir ansonsten möglichst wenig Ärger macht, begann ich auf dem Camino, ihn wie ein mir anvertrautes Kind zu behandeln: Ich fütterte ihn, gab ihm zu trinken, verarztete ihn, lobte ihn und war stolz auf ihn, wenn ich merkte, wie viel Kraft er entwickelte. Nach und nach lernte ich auch, seine Grenzen zu respektieren und zu akzeptieren, dass er Schwächen und Unvollkommenheiten hat. Ich hatte immer schon ein positives, sozusagen »kollegiales« Verhältnis zu meinem Körper, doch auf dem Camino schlossen wir Freundschaft, mein Körper und ich.

Auf meiner Reise bin ich dem einen oder anderen Pilger begegnet, dessen Körper irgendwann ein einziges eindeutiges Signal gab: Bring mich nach Hause! Interessanterweise waren es nicht unbedingt die älteren Pilger, sondern eher die Jungen und Starken, die es erwischte. In León aß ich mit einem Pilger aus San Francisco zu Abend, der wegen Knieschmerzen auf halber Strecke abbrechen musste. León war seine letzte Station. Kevin war ein Mann von der Statur eines Reinhold Messner, und ich hätte ihm ohne Weiteres zugetraut, allein zu Fuß die Antarktis zu durchqueren. Beim Essen erzählte er mir deprimiert, dass er den Camino nur als Vorbereitung für sein eigentliches großes Ziel, ein Trekking in Nepal, laufen wollte, und nun habe er noch nicht einmal den Camino geschafft. Anscheinend hatte er sich sklavisch an einen Reiseführer mit dem Titel ›Der Jakobsweg in 28 Tagen‹ gehalten, was seine Knie hoffnungslos überforderte. Erstaunt habe er festgestellt, dass es Pilger gab, die dem Konzept ›Der Jakobsweg in 35 Tagen‹ folgten. Nun plane er, in einem kommenden Jahr zurückzukehren und erst einmal den Jakobsweg in 35 Tagen zu laufen, bevor er zu seinem großen Nepal-Trekking aufbreche.

Bei aller Sympathie für den bärtigen Abenteurer musste ich lachen. Es schien so absurd, einen Pilgerweg wie ein sportliches Projekt zu planen, zu takten und auf Biegen und Brechen durchziehen zu wollen. Gleichzeitig wurde mir schmerzlich bewusst, wie stark sich der Zwang zur Effizienz mittlerweile bis in die privatesten Bereiche unseres Lebens ausgedehnt hat und unser ganzes Dasein zu bestimmen scheint. Abteilungsleiter in zwei statt in vier Jahren? Eine Eigentumswohnung in fünf statt in zehn Jahren? Die Erfahrungen eines Lebens von 80 Jahren bereits in 60 Jahren? Der Druck, immer mehr in immer weniger Zeit zu erreichen, hat etwas Erbarmungsloses. Seinen absurdesten Ausdruck findet er im Ideal des Multitasking: Nicht nur, dass wir Dinge immer schneller erledigen wollen, wir wollen am liebsten gleich mehrere zugleich bewältigen. Die Belohnung dafür ist, dass wir Zeit gewinnen, die wir in die Erledigung weiterer Aufgaben investieren können.

Der Geist ist in seiner unendlichen Anpassungsfähigkeit in der Lage, mit diesen Herausforderungen umzugehen. Blitzschnell vermag er von einer zur nächsten Sache umzuschalten. Die Seele allerdings hat langsamere Rhythmen und hinkt dem Geist ständig hinterher. Der Unterschied zwischen mentalen und emotionalen Verarbeitungsprozessen ist dem Arzt Stephan Rechtschaffen zufolge vergleichbar mit dem »Unterschied zwischen einem modernen Kommunikationssystem und einer Brieftaube«. Und auch der Motivationstrainer Marco von Münchhausen, dessen eigentliches Fachgebiet das Selbstmanagement ist, also Effizienz in Reinkultur sozusagen, kommt zu der Erkenntnis: »Das wahre Wesen der Seele ist die Langsamkeit.« Das Opfer, das wir für die ungeheure Dynamik, die unsere Welt erfasst hat, bringen, ist entsprechend hoch: Laut Statistiken steigen die Zahlen der Patienten, die unter Depressionen, Angststörungen, Burn-out und anderen psychischen Beschwerden leiden, seit Jahren kontinuierlich an. Die Seele schreit – wie Kevins Kniegelenke – verzweifelt: »Stop! Bring mich nach Hause!« Wir sind uns dieses Opfers bewusst: »Entschleunigung«, hört man es überall rufen, »wir müssen unser Leben entschleunigen.« Doch wie Goethes Zauberlehrling, der seinen aus Leichtsinn initiierten Zauber nicht wieder stoppen kann, vermögen wir uns dieser einmal in Gang gesetzten Dynamik ebenfalls nicht zu entziehen. Auf wirtschaftlicher Ebene zeigte der Zusammenbruch des Bankensystems einen ähnlichen Verlauf: Obwohl Fachleute ihn seit vielen Jahren vorausgesehen hatten, musste es erst zur Weltwirtschaftskrise kommen, damit man begann, ernsthaft über Alternativen nachzudenken.

Den Lauf der Welt vermögen wir nicht zu ändern, doch auf unser eigenes Leben haben wir zum Glück einen gewissen Einfluss. Und da dieses Leben das einzige ist, das wir haben, eines, das sich weder aufschieben noch konservieren lässt, haben wir im Grunde genommen »gar nicht die Zeit, um in Eile zu sein«, wie ein Meister in einer Geschichte von Anthony de Mello so weise sagt. Nach dem Leitspruch des Predigers Kohelet – »Ein jegliches hat seine Zeit, und alles Vorhaben unter dem Himmel hat seine Stunde: geboren werden hat seine Zeit, sterben hat seine Zeit; pflanzen hat seine Zeit, ausreißen, was gepflanzt ist, hat seine Zeit ...« – können wir uns regelmäßig unsere Zeitinseln schaffen, in denen wir uns selbst und dem Leben wieder näherkommen können. Das meditative Gehen ist, gerade weil es so herrlich ineffizient ist, das ideale Mittel, unserer Seele Gelegenheit zum Wiederaufblühen zu geben.

Zudem verbindet es uns auf sanfte Weise wieder mit unserem Körper. Obwohl oder vielleicht gerade weil wir in einer Zeit leben, die ganz besessen vom Körper zu sein scheint und in der Diät- und Fitnessbücher kontinuierlich die oberen Ränge der Bestsellerlisten besetzen, verhalten wir uns wie eine Figur aus James Joyces ›Dubliner‹-Geschichten, von der es heißt: »Er lebte ein wenig in Distanz zu seinem Körper.« Hinter der verbissenen Effizienz, mit der wir unseren Körper möglichst ideal ernähren, trainieren und pflegen, verbirgt sich, so ein Beitrag im ›SZ Magazin‹, häufig eher eine Ablehnung des Körpers, ja sogar ein Körperhass, als eine liebevolle Akzeptanz. Wenn wir unseren Körper nur in der Perfektion annehmen und lieben können, stehen wir auf Dauer auf verlorenem Posten. Durch das meditative Gehen lernen wir nach und nach, uns in unserem Körper wirklich zu Hause zu fühlen.

Das Wunderbare am meditativen Gehen ist die Tatsache, dass wir es praktisch immer und überall ausüben können. Jeder Weg, den wir im Alltag zurücklegen müssen, kann eine Gelegenheit bieten, »in Schönheit« zu gehen, das heißt achtsam und präsent zu sein. Der buddhistische Gelehrte Karlfried Graf Dürckheim beschreibt in seinem Klassiker ›Der Alltag als Übung‹, wie selbst der Weg zum nächsten Briefkasten eine solche Chance darstellt: »Hat man nur den Einwurf im Auge, dann sind die hundert Schritte vertan. Ist man als Mensch auf dem ›Weg‹, vom Sinn des Menschseins erfüllt, dann kann man sich auf dem kürzesten Gang, geht man ihn nur in der rechten Haltung und Einstellung, in Ordnung bringen und vom Wesen her erneuern.« Es sind »gestohlene Minuten«, in denen wir uns, von anderen unbemerkt, aus der Funktionalität des Alltags ausklinken und einen »heiligen Raum« schaffen, in dem wir ganz bei uns sein können.

Die Suche nach dem heiligen Raum

Nach innen geht
der geheimnisvolle Weg.
In uns oder nirgends ist die
Ewigkeit mit ihren Welten.
Novalis

Im Auf und Ab der Straßen, Pfade und Fußwege, die Pilger jahrhundertelang gelaufen sind, erhaschen wir einen Funken des Heiligen. Die besondere Atmosphäre auf dem Camino ist sofort spürbar, wenn man den alten Weg betritt. Mit den ersten Schritten fühlt man eine Verbundenheit mit den zahllosen Pilgern, die den Weg zuvor gegangen sind. Was haben sie gesucht? Was haben sie erfahren? Was haben sie gesehen und gefühlt? Ein Pilgerweg ist heiliger Boden, einfach durch die vielen, deren Sehnsucht nach spiritueller Erneuerung sie diesen Weg entlanggeführt hat.

Traditionelle Pilgerschaft beruht auf der Vorstellung, dass das Heilige nicht komplett unabhängig von der Materie ist, sondern dass es eine Art Geografie der spirituellen Kraft gibt. Jede Religion hat irgendeine Form von Pilgerfahrt hervorgebracht: In den Schreinen von

Heiligen und Gottheiten, in Geburtsorten, Grabstätten, Reliquien, Bergen und Hainen wurde und wird das Heilige in Form von vielfältigen Praktiken verehrt. Die Härte einer Pilgerfahrt empfinden diese Pilger als einen Akt der Hingabe oder Buße. Ihre Reise entspricht einer Bitte um Heilung, um Vergebung, um Gnade oder um ein Wunder.

Das äußere Heiligtum ist letztlich jedoch immer ein Bild für das innere Heiligtum, den Weg zum Göttlichen findet man nur in sich selbst – so zumindest lautet eine Wahrheit, die alle Mystiker dieser Welt von jeher verkündet haben. Dschalaluddin Rumi, der Sufi-Meister, der im 13. Jahrhundert in Anatolien den Orden der tanzenden Derwische begründete, forderte seinen Schüler auf: »Begib dich auf Wallfahrt vom Ich zum Selbst, mein Freund ... Solch eine Wallfahrt verwandelt die Welt in eine Goldgrube.« Die alte Sufi-Geschichte vom verborgenen Schatz, die in verschiedenen Versionen erzählt wird und Paulo Coelho zu seinem Roman ›Der Alchimist‹ inspirierte, illustriert diese Pilgerfahrt zu sich selbst:

Einst lebte in einer kleinen Hütte ein rechtschaffener Mann in bitterster Armut. Eines Nachts hatte er einen merkwürdigen Traum: Eine Stimme forderte ihn auf, eine lange Reise in eine fremde Stadt zu unternehmen und unter der Brücke des Königsschlosses zu graben. Dort würde ein verborgener Schatz auf ihn warten. Als sich dieser Traum Nacht für Nacht wiederholte, verließ der Mann tatsächlich sein Dorf und gelangte nach einer langen, mühevollen Reise in jene Stadt, die sein Traum ihm gewiesen hatte. Doch welch eine Enttäuschung: Als er an die Brücke kam, unter der der Schatz vergraben sein sollte, sah er sie Tag und Nacht von Soldaten bewacht. Jeden Tag ging der Mann zu der Brücke und wartete auf einen günstigen Moment, um zu graben. Der Hauptmann der Wache, neugierig geworden, fragte ihn schließlich nach dem Grund für sein seltsames Verhalten. Und der Mann erzählte ihm von seinem Traum und dem verborgenen Schatz unter der Brücke. Der Hauptmann brach in Gelächter aus: »Du liebe Güte, du traust tatsächlich einem Traum? Stell dir vor: Vor einiger Zeit hatte ich einen ähnlichen Traum. Eine Stimme trug mir auf, in das Dorf zu gehen, in dem du lebst, denn dort würde unter der Schwelle einer kleinen Hütte ein Schatz auf mich warten. Der Mann, der in dieser Hütte wohnt, soll bitterarm sein. Stell dir vor, wie lächerlich.« Der Mann aber dankte dem Hauptmann, machte sich auf den Weg nach Hause und begann, unter der Schwelle seiner Hütte zu graben. Und dort fand er ihn, einen Schatz von solcher Kostbarkeit, wie er ihn sich niemals hätte vorstellen können. Er hatte immer schon dort gelegen, doch er musste den weiten Weg gehen, um ihn zu finden.

Was bedeutet dieser »Schatz«? Weisheit, Erkenntnis, Sinn, Frieden, der Schlüssel zu immerwährendem Glück? Vermutlich alles zusammen und gleichzeitig für jeden etwas anderes. Vielleicht ist es die Sehnsucht nach einem solchen »Schatz«, weshalb sich heute immer mehr Menschen auch aus dem westlichen Kulturkreis wieder auf eine Pilgerreise begeben. Die wenigsten vermögen ihr noch jenen genau definierten Sinn zu geben, wie es die Menschen früherer Zeiten taten, denen ihre Tradition den religiösen Rahmen für eine Pilgerreise vorgab. Ich selbst habe überraschend wenige Pilger kennengelernt, die aus explizit religiösen oder spirituellen Gründen unterwegs waren. Die Suche nach neuen Perspektiven und Abenteuern, der Wunsch, der Banalität des Alltags zu entfliehen, einmal »rauszukommen« oder sich für eine Weile ganz auf sich selbst einzulassen, waren nur einige der vielfältigen Gründe, die genannt wurden. Nicht wenige antworteten auf die Frage »Warum bist du hier?« ganz ehrlich: »Keine Ahnung. Ich hoffe, es herauszufinden.« In der christlichen Pilgerliteratur wird deshalb häufig beklagt, dass die modernen Pilger den Geist vermissen lassen, den eine Pilgerreise eigentlich verlangt. Doch einmal abgesehen von jenen, die den Camino tatsächlich aus reinem Sportsgeist oder Wanderlust gingen, befanden sich die meisten von denen, die ich traf, auf der Suche. Sie waren aufgebrochen mit einem vagen Gefühl, dass es zumindest etwas geben *könnte*, was sich finden ließe, auch wenn sie ihm nicht immer einen Namen geben konnten. Woran es den modernen Schatzsuchern auf dem Camino im Vergleich mit ihren Vorgängern aus früheren Jahrhunderten mangelt, ist möglicherweise die »spirituelle Schatzkarte«, doch die Sehnsucht, die sie auf den Weg treibt, ist nicht so verschieden. Und vielleicht sogar, entkleidet von religiösen Ritualen, ehrlicher.

Ich habe mich oft gefragt, ob ich dieselben Erfahrungen gemacht hätte, wenn ich nicht den Jakobsweg, sondern einen anderen, ganz »normalen« Wanderweg gelaufen wäre. Möglicherweise wären sie ähnlich gewesen, wenn auch die vielen Begegnungen mit Gleichgesinnten entfallen wären. Die Tatsache jedoch, dass ich einen traditionellen Pilgerweg gegangen bin, gab dem ganzen Unternehmen von vornherein eine besondere Bedeutung, oder genauer gesagt: *ich* gab ihm eine besondere Bedeutung. Ich bin diesen Weg nicht einfach gegangen, um eine gute Zeit zu haben, sondern weil ich mir selbst begegnen wollte. Die vielen traditionellen Stätten, an denen mich mein Weg entlangführte, erinnerten mich jeden Tag daran, dass es um mehr ging als einen Abenteuertrip. Ich fand das »Heilige« am Fuße der Pyrenäen in der kleinen Kirche Eunate, die den Templern zugeschrieben wird, und im geheimnisvollen keltischen O Cebreiro, wo ich nachts in der glasklaren Luft und unermesslichen Stille die Milchstraße betrachtete. Ich fand es auch in den Weiten der Meseta, der kargen Hochebene zwischen Burgos und León, und unter den knorrigen Eichenbäumen im nebelverhangenen Galicien. Doch zum heiligen Boden wurde der Jakobsweg für mich, weil ich selbst ihn so betrachtete.

Das Besondere am Camino ist, dass jeder Pilger gleich zu Beginn seine Identität ablegt, äußerlich durch den Verzicht auf alles, was nicht lebensnotwendig ist, doch auch innerlich findet – quasi unbewusst – eine Ablösung statt. Wie groß die Dramen der Vergangenheit auch gewesen sein mögen, sie verlieren mit dem ersten Schritt auf dem Weg an Bedeutung. Und das scheint fast allen so zu gehen. Wenn zwei Pilger sich begegnen, lautet die erste Frage »Wie heißt du?«, die zweite »Wo kommst du her?«. Und damit ist in der Regel alles Wichtige über einen selbst gesagt, um in der für den Camino charakteristischen Geschwindigkeit Freundschaft zu schließen. Und selbst wenn die dritte, intimere Frage »Warum bist du hier?« gestellt wird, braucht man meist nicht zu befürchten, dass man sich endlose Details aus dem Leben des anderen anhören muss. Einige Worte, der andere nickt, und man geht rasch dazu über, sich über die persönlichen Erfahrungen auf dem Weg auszutauschen. Als Pilger wird man auf gewisse Weise zu einem »Menschen ohne Geschichte«. Was immer vorher war, verliert an Wichtigkeit angesichts der Herausforderungen des Weges. Es ist erstaunlich, wie viele intensive Begegnungen mit Pilgern ich auf dem Camino hatte, ohne je zu erfahren, was sie beruflich machten oder in welchen Umständen sie lebten.

Wenn »Menschen ohne Geschichte« aufeinander treffen, ist die Qualität ihrer Begegnung tatsächlich eine besondere. Kaum jemand, der nicht von der Offenheit und Herzlichkeit des Miteinanders auf dem Camino schwärmt. Wenn man keine Rolle einnehmen muss und es egal ist, wer man ist, was man hat und was man kann, kommt es in der allerschlichtesten Weise nur darauf an, ob man sich miteinander wohl fühlt, ob man miteinander lachen, sich trösten oder austauschen kann. Wer einem mit Wasser aushilft, wenn einem das eigene ausgegangen ist, dem ist freundschaftliche Treue sicher. »Beautiful simplicity«, wie wir die besondere Lebensqualität auf dem Camino genannt haben, die schöne Einfachheit des Seins, sie wirkte auch auf die persönlichen Beziehungen. Die zunehmende soziale Kälte vor allem im Berufsleben, über die heute allerorts geklagt wird, hängt sicherlich auch damit zusammen, dass wir uns immer mehr über unsere Geschichten und Rollen, die wir dort einnehmen, definieren. Wenn das geschickte Taktieren und Zur-Schau-Stellen der eigenen Leistungen und Fähigkeiten zum permanenten Überlebensmechanismus wird, geht ungeheuer viel an mitmenschlichem Potenzial verloren. Ich will den Camino nicht idealisieren: Natürlich fanden sich dort Rücksichtslosigkeit und Arroganz ebenso wie anderswo, und gerade gegen Ende des Weges, als die Zahl der Urlaubspilger und der Pilger allgemein zunahm und sie mir meine ersehnte Stille zu nehmen drohten, habe ich mir die anderen manchmal weit, weit weggewünscht. Doch die vielen unglaublich bereichernden Begegnungen machten das in hohem Maße wieder wett.

Über diesen Zwang, sich über die äußere Erscheinung und das Handeln zu definieren, macht sich Emily Dickinson in einem Gedicht lustig: »Ich bin niemand! …/ Verrat es niemandem – du weißt, / sie würden's nur herumposaunen!« Um dann weiter zu reflektieren: »Wie öde wär es doch – Jemand – zu sein! / Wie indiskret – ganz wie ein Frosch … / einem Tümpel voller Bewunderer den eignen Namen zu verkünden!« Es ist die uns tief innewohnende Angst, dass wir tatsächlich ein Niemand sein könnten, weshalb wir uns ein Leben lang damit beschäftigen, anderen und uns selbst Geschichten zu erzählen, die bestätigen, dass wir in Wirklichkeit ein *Jemand* sind. Eine amüsante Geschichte illustriert diesen Drang, uns vom Rest der Welt abzuheben:

Während eines Gottesdienstes fühlte sich ein Rabbi plötzlich von der Größe Gottes so überwältigt, dass er ekstatisch rief: »Oh Herr, du bist alles, ich bin nichts!« Den Kantor berührte dieser Ausruf so sehr, dass auch er auf die Knie fiel und laut rief: »Oh Herr, ich bin nichts!« Das hörte wiederum der Hausmeister, der daraufhin ebenfalls, tief berührt in seinem Herzen, ausrief: »Oh Herr, ich bin nichts!« Da flüsterte der Rabbi dem Kantor ins Ohr: »Ach, sieh mal einer an, wer sich da auch für nichts hält.«

Je stärker wir uns an unsere äußere Identität klammern, desto mehr verlieren wir an Lebendigkeit. Jeder Erfolg, jede Euphorie, die wir in unserem äußeren Leben erfahren, schwindet irgendwann, das haben wir alle schon erlebt. Als Reaktion darauf strengen wir uns an, um den Erfolg zurückzuholen, es gelingt, und wieder ist er irgendwann vorbei. Wir strengen uns also noch mehr an, und es dauert nicht lange, bis wir gefangen sind in dem, was der Volksmund das »Hamsterrad« nennt. Auf die Euphorie folgen unweigerlich Gefühle der Leere und Schalheit. Wenn wir uns von den Verstrickungen im Alltag lösen – und sei es auch nur für kurze Zeit –, so können wir erfahren, dass sich jenseits unseres Namens, unserer Rollen und unserer Leistungen etwas verbirgt, was der Psychologe John Bradshaw das »göttliche Kind« nennt: der Teil von uns, der unberührt bleibt von unseren äußeren Erfahrungen und sich in entsprechend »kindlichen« Gefühlen und Eigenschaften wie Vertrauen, Staunen, Dankbarkeit, Neugier, Verbundenheit und Spontaneität äußert. Genau diese Qualitäten fand ich, während ich wochenlang als Niemand durch Spanien marschierte. Je länger ich unterwegs war, desto stärker wurde das Gefühl »Alles ist möglich!«, das mir aus meiner Jugendzeit vertraut war und mit den Jahren immer mehr an Kraft eingebüßt hatte. Natürlich weiß der reflektierende Verstand, dass niemals alles möglich ist, doch das Vertrauen darauf, dass wir uns mit jedem Schritt einem Ziel nähern können, das uns wirklich etwas bedeutet, ist etwas ungeheuer Wertvolles.

Die befreiende Wirkung dieser Erfahrung hat auch der Mythenforscher Joseph Campbell erkannt: »Du brauchst einen Ort oder eine bestimmte Stunde, wenn nicht sogar einen Tag, an dem du nicht weißt, was am Morgen in der Zeitung stand, an dem du nicht weißt, wer deine Freunde sind, an dem du nicht weißt, was du jemandem schuldig bist, an dem du nicht weißt, was irgend jemand dir schuldig ist.« Es ist ein Ort, eine Zeit oder eine Tätigkeit, die uns schlicht erfahren lassen, wer wir jenseits unserer Geschichten sind und wer wir sein könnten. Und auch wenn es anfangs so scheinen möge, als ereignete sich dort nichts – so Campbell –, würde doch, wenn man geduldig ist, »zur rechten Zeit« etwas geschehen.

Wenn wir einen »heiligen Ort« definieren als Ort, wo wir ganz zu uns selbst finden können, wo wir zum kindlichen Staunen zurückkehren und »heil« sein dürfen, dann kann prinzipiell jeder Ort für uns heilig sein. Der Dokumentarfilmer Phil Cousineau, der nahezu jede berühmte Pilgerstätte der Welt bereist hat, kommt zu der Erkenntnis: »Überall, wohin Sie gehen, finden Sie einen heiligen Raum.« Wir können ihn in einer kleinen Kapelle finden, in einem Café frühmorgens, bevor der Trubel die Großstadt ganz erfasst hat, in einem Park oder in der Philharmonie. Darüber, ob wir den »richtigen« Ort für uns gewählt haben, brauchen wir uns keine Gedanken zu machen, denn – wie der Theologe Belden C. Lane schreibt – »ein heiliger Ort wird nicht ausgewählt, er wählt aus«. Wir werden einfach wissen, ob dieser Raum für uns »heilig« ist oder nicht.

Als ich das erste Mal über diese Idee eines heiligen Raums gestolpert bin, schien sie mir neu und überraschend, doch je mehr ich mich durch die spirituellen

Schriften las, desto öfter begegnete ich dem Bild und desto einleuchtender erschien mir auch seine Bedeutung. Wir müssen von Zeit zu Zeit unsere von uns selbst geschaffene Identität loslassen, um uns danach in ganz neuer Weise wiederfinden zu können. Auf dem Camino sind es gleich mehrere Wochen, in denen wir nicht mehr zu wissen scheinen, wer wir sind. Im Alltag ist es äußerst hilfreich, sich inmitten aller Verpflichtungen diesen Raum zu schaffen, damit er seine erneuernde Kraft im eigenen Leben entfalten kann. Wer religiös gebunden ist oder einem spirituellen Weg folgt, findet den heiligen Raum häufig innerhalb seiner spirituellen Tradition, im Gebet oder in der Meditation. Doch auch ohne diesen Rahmen ist es möglich, einen solchen Raum für sich zu entdecken. Eine Freundin von mir beispielsweise findet von ihrem anstrengenden Job als leitende Redakteurin bei einem großen Nachrichtenmagazin Erneuerung, wenn sie sich auf ihrem Bauernhof fern des Großstadttrubels der Gartenarbeit hingibt. Beim Graben, Säen, Pflanzen und Ernten kann sie ihre vielfältigen Verpflichtungen immer wieder völlig vergessen. Eine andere erlebt das morgendliche Joggen, das sie vor vielen Jahren als Fitnessprogramm begonnen hat, zunehmend als Meditation. Eine dritte steht jeden Morgen in aller Herrgottsfrühe vor allen anderen auf, um in der Stille einfach für sich selbst zu sein. Um sich von den Schmerzen einer zerbrochenen Ehe zu heilen, suchte eine Bekannte von mir jeden Tag auf dem Heimweg von der Arbeit ihre Lieblingskirche auf, zündete eine Kerze an und saß eine Weile still auf der Bank. Es wirkte, obwohl sie schon lange nichts mehr mit dem christlichen Glauben verband.

Wanderungen, Spaziergänge und auch das meditative Gehen, das im letzten Kapitel vorgestellt wurde, sind Möglichkeiten, im Alltag den persönlichen heiligen Raum zu finden. Hermann Hesse erzählt in einem Gedicht von einem »alten Eremitensteig«, den er immer wieder aufsuchte: »Hier ist mein heiliges Land, hier bin ich hundertmal / Den stillen Weg der Einkehr in mich selbst gegangen. / Und geh ihn heute neu, mit anderm Sinn, / Doch altem Ziel, und geh ihn niemals aus ...« Auch die Natur bietet geradezu unerschöpfliche Gelegenheiten, einen heiligen Raum zu finden, je unberührter, desto besser. Der Ort muss nicht einmal außergewöhnlich schön sein, sondern sollte uns nur in einer Weise berühren, dass wir in Kontakt mit unserem inneren Kern kommen. Henry David Thoreau schreibt: »Wenn ich mich erholen wollte, dann suchte ich den finstersten Wald auf, den schlimmsten, undurchdringlichsten und, für den bürgerlichen Menschen, abschreckendsten Sumpf. Diesen Sumpf betrat ich als heiligen Ort – als *sanctus sanctorum*. Dort ruht die Kraft, das Mark der Natur.« Und schließlich gibt es natürlich die Fülle an Dingen, die wir auch innerhalb der eigenen vier Wände auskosten können: Musik, Literatur oder Kunst können uns geradezu heilige *Säle* aufschließen.

Den heiligen Raum finden

Finden Sie für diese kontemplative Übung wieder einen angenehmen Ort, wo Sie eine Weile ungestört sind, beobachten Sie Ihren Atem, schließen Sie die Augen oder lassen Sie – wenn Sie gehen – den Blick schweifen, ohne etwas zu fixieren. Bringen Sie Ihren Geist sanft zur Ruhe. Stellen Sie sich dann die folgenden Fragen und lassen Sie Antworten oder Bilder aus Ihrem Inneren auftauchen:

Wie viel Raum beanspruchen die äußeren Verpflichtungen, Tätigkeiten und Ziele in meinem Leben? Nimmt die Beschäftigung mit meinen »Geschichten« mein ganzes Denken und Fühlen ein? Was könnte ein heiliger Raum in meinem Leben sein – ein Ort, an dem ich vergessen darf, wer ich bin, was ich tue, für wen ich gehalten werden will? An dem ich echte Stille erfahren kann? An dem ich das kindliche Staunen wieder erfahren darf? Gab es in der Vergangenheit einen solchen Ort, den ich wieder aufsuchen könnte? Wie könnte ich mir einen solchen Ort schaffen?

Wenn Ihnen auf Anhieb kein Ort einfallen will, der das Zeug zu einem »heiligen Raum« hat, gehen Sie in der nächsten Zeit aufmerksam forschend durch Ihren Alltag. Im Leben eines jeden Menschen gibt es Orte oder Tätigkeiten, die sich als heiliger Raum eignen. Wenden Sie allerdings nicht zu viel Mühe auf, einen solchen Ort zu finden, denn – wie wir uns erinnern – »ein heiliger Ort wird nicht ausgewählt, er wählt aus«. Lassen Sie sich einfach auswählen.

Der Gedanke, dass wir von Zeit zu Zeit einen heiligen Raum aufsuchen sollten, ist unserer modernen Gesellschaft im Übrigen nicht fremd. »Auszeit« ist der Begriff, der heute stets genannt wird, wenn es darum geht, einem Burn-out vorzubeugen, Kraft zu tanken oder die Kreativität zu erneuern. Ursprünglich entstammt der Begriff der Sprache des Sports. »Time out« bezeichnet im Basketball den Zeitpunkt, an dem eine Mannschaft – häufig in einer kritischen Situation – das Spiel unterbricht, um den Kurs zu korrigieren und sich neu zu motivieren. Bei unserem sich ständig beschleunigenden Lebenstempo erscheint eine Auszeit oft als die einzige Möglichkeit, innezuhalten und neue Energie zu sammeln. Sie ist der Griff zur Notbremse, Krisenmanagement und Notfalltherapie in einem. Wenn der einzige Zweck der Auszeit allerdings darin besteht, sich vom Rattenrennen zu erholen, um dann gestärkt wieder dorthin zurückkehren zu können, ist ihre Nachhaltigkeit begrenzt. Eine Auszeit muss einen echten Gegenpol zu den üblichen Abläufen in Beruf und Freizeit darstellen. Sie muss uns in Verbindung bringen mit dem, was für uns wirklich Bedeutung hat. Und wir müssen uns voll und ganz auf diese Erfahrung einlassen können, ansonsten geht es uns wie dem Urlauber, der auf seiner Postkarte nach Hause schrieb: »Alles ist phantastisch, ich könnte mir keinen schöneren Ort vorstellen. *Ich wünschte, ich wäre hier …*« Oder wie Kevin, dessen Kniegelenke seiner effizienten Planung des »Jakobswegs in 28 Tagen« einen Strich durch die Rechnung machten. Wenn wir die Auszeit nicht als echte Gegenwelt zu unserem normalen Leben erfahren können, werden uns dessen Regeln und Gewohnheiten rasch einholen.

Was den heiligen Raum von einer Auszeit, wie sie heute im Allgemeinen verstanden wird, unterscheidet, ist, dass er uns in Verbindung mit unserem innersten Kern bringt, mit dem, was in der Sufi-Geschichte der »Schatz« genannt wurde. Die mystische Tradition kennt ein Äquivalent zum äußeren heiligen Raum: den inneren Raum der Seele – einen Raum, zu dem andere Menschen, ja selbst unsere Gedanken und Gefühle keinen Zutritt haben. Die christlichen Mystiker haben unzählige Namen und Beschreibungen dafür gefunden; Teresa von Avila nennt ihn die »Seelenburg«, Katharina von Siena die »innere Zelle«, Johannes Tauler spricht vom »Seelengrund«. Meister Eckhart schreibt: »In dem Reinsten, Edelsten und Zartesten, was die Seele zu bieten vermag, da muss es sein: in jenem tiefen Schweigen, dahin nie gelangte eine Kreatur noch irgendein Bild.« In diesem innersten Raum der Stille lassen wir alle Bilder von uns selbst und der Welt los und gelangen zum Einssein mit dem Leben – oder mit Gott, wie es die Mystiker formulieren würden. Der transpersonale Psychologe James Bugental ist der Ansicht, dass viele psychische Probleme ihre Ursache darin haben, dass wir diese innere Welt der subjektiven Erfahrung verlassen haben und nun dazu verdammt sind, »umherzuirren und Trost dort zu suchen, wo es keinen gibt – in der Außenwelt«. Wir suchen unser Selbst in äußerer Bestätigung, äußeren Erfolgen und äußerer Sicherheit, obwohl wir wissen, dass letztlich alles Äußere immer vergänglich ist. Bugental kommt zu dem Schluss: »Unsere Heimat liegt innen, und dort sind wir souverän.«

Die Vorstellung eines inneren Raums findet sich nicht nur in der Mystik oder der transpersonalen Psychologie, gerade die deutsche Dichtung ist seit jeher fasziniert von der Idee, dass sich tief in uns ein Geheimnis verbirgt, das uns neue Welten erschließen kann. Schon Goethe lässt seinen Werther in jugendlichem Überschwang ausrufen: »Ich kehre in mich selbst zurück und finde eine Welt«, und Novalis, dessen Werk das romantische Weltbild par excellence verkörpert, führt in den berühmten Zeilen seines ›Blütenstaub-Fragments‹ weiter aus: »Wir träumen von Reisen durch das Weltall: ist denn das Weltall nicht in uns? Die Tiefen unseres Geistes kennen wir nicht. Nach innen geht der geheimnisvolle Weg. In uns oder nirgends ist die Ewigkeit mit ihren Welten.« Über die Tiefe der Seele schreibt auch Hugo von Hofmannsthal: »Dem Weltmeer ist ein Grund gesetzt – ihr nicht.« Dem modernen Menschen, der sich in permanenter Anspannung durch seine vielfältigen Verpflichtungen hetzt, mögen solche Vorstellungen hoffnungslos naiv und weltfern erscheinen, und der sarkastische Vorwurf »Man muss schon viel Zeit haben, um sich in dieser Weise mit sich selbst zu beschäftigen« liegt nahe. Auf was wir allerdings verzichten, wenn wir uns diese Suche nach unserem wahren Selbst versagen, wird erst deutlich, wenn wir uns einmal das Abenteuer gönnen, uns ganz auf uns selbst einzulassen. Erleichtert dürfen wir feststellen, dass wir zum Glück tatsächlich mehr sind als die Summe unserer Geschichten.

Der Türöffner zu diesem inneren Raum ist die Stille. In vergangenen Jahrhunderten war Stille Bestandteil des täglichen Lebens; wer stundenlang auf dem Feld körperliche Arbeit verrichtete, brauchte sie nicht zu suchen, sie war sein ständiger Begleiter. Heute müssen wir uns bewusst darum bemühen, in unserem Leben Raum für Stille zu schaffen, trotz eines übervollen Terminkalenders und trotz der Angst, dass wir in der Stille Dingen in uns begegnen könnten, die wir gar nicht sehen möchten. Nur in der Stille vermögen wir der leisen inneren Stimme zu lauschen, die unserem Leben die Richtung weist, die uns wirklich entspricht. Hermann Hesse beschreibt in seinem Roman ›Siddhartha‹, wie Siddhartha von der Stille mehr zu lernen vermag als von seinem Lehrer Vasudeva: »Siddhartha lauschte. Er war nun ganz Lauscher, ganz ins Zuhören vertieft, ganz leer, ganz einsaugend, er fühlte, dass er nun das Lauschen zu Ende gelernt habe.« Und später heißt es: »In dieser Stunde hörte Siddhartha auf, mit dem Schicksal zu kämpfen, hörte auf zu leiden.« Dass wir allein über das Lauschen auf die Stille alles lernen können, wussten auch die Wüstenväter, die sich zwischen dem dritten und sechsten Jahrhundert nach Christus in die Einsamkeit der Wüste zurückzogen, um Selbst- und Gotteserkenntnis zu erlangen. Von Altvater Moses wird berichtet, dass er einem Schüler, der um Unterweisung bat, sagte: »Geh in deine Zelle und halte Stille, deine Zelle wird dich alles lehren.«

Wir können nur lernen, auf die Stille zu lauschen, wenn wir bereit sind, für eine kleine Weile alles loszulassen, was uns im Äußeren einnimmt, uns quasi zu »leeren« und zu öffnen für die Botschaften, die wir von unserer intuitiven Stimme erhalten mögen. Das mag nicht immer nur angenehm sein, denn indem wir uns unseren inneren Stimmen öffnen, können wir durchaus auch die Stimmen der Angst, der Verwundung, der Trauer, der Verzweiflung vernehmen, die wir vielleicht lange mühevoll unterdrückt haben. Der irische Dichter William Butler Yeats schrieb sogar: »Der Mensch bedarf tollkühnen Mutes, um in den Abgrund seiner selbst hinabzusteigen.« Doch im geschützten heiligen Raum sind wir in der Lage, unseren inneren Stimmen ehrlich zu begegnen und auch die Schönheit wahrzunehmen, die sich in ihnen verbirgt. John O'Donohue schreibt, jeder dieser inneren Dämonen, denen wir begegnen können, halte eine kostbare Gabe für uns bereit, die uns Heilung und Befreiung zu gewähren vermag. Die freundliche seelische Kraft, die auch diese negativen Anteile in uns verwandeln kann, nennt er gern »Herdfeuer der Seele«: »Die Segnungen, nach denen wir uns sehnen, sind an keinem anderen Ort und in keinem anderen Menschen zu finden. Nur unser eigenes Selbst kann sie uns gewähren. Sie sind am Herdfeuer unserer Seele zu Hause.«

Die Angst, solchen inneren Dämonen zu begegnen, wenn wir uns freiwillig in die Einsamkeit und Stille begeben, ist den meisten Menschen vertraut. Ich war überrascht, wie oft mir Bekannte bei meiner Eröffnung, dass ich allein den Jakobsweg gehen wolle, gestanden, dass es ihnen unheimlich wäre, sich mehrere Wochen lang ganz und gar sich selbst auszusetzen. Meine Begegnung mit meinen eigenen »inneren Dämonen« auf dem Camino war dann allerdings erstaunlich sanft. Mein hartnäckigster kleiner Dämon, die Tendenz, mir zu viele Gedanken zu machen, schien fast den ganzen Weg über zu schweigen. Angesichts der körperlichen Anstrengung gab er sich bereits nach einigen Tagen auf dem Weg geschlagen. Und die Gespenster der Vergangenheit meldeten sich erst gegen Ende der Reise in Form von Trauergefühlen ohne das übliche »Hätte ich doch nicht …« und »Wäre doch nur …«. Sie begleiteten mich einige Stunden, dann verschwanden sie einfach wieder. Im geschützten heiligen Raum können wir auch unseren negativen Gefühlen begegnen, ohne dass sie uns aus der Bahn werfen. Wenn es sich nicht um wirklich traumatische Erfahrungen handelt, die wir verarbeiten müssen, gibt es vermutlich nichts Heilsameres, als sich diese Gefühle im Wortsinn »von der Seele zu laufen«. Doch wir brauchen die Stille, damit sie sich überhaupt zeigen können.

Nahezu alle Übungen, die in diesem Buch vorgestellt werden, führen uns auf die eine oder andere Weise in die Stille. Die folgende Übung, zu der mich

Eckhart Tolle inspiriert hat, zeigt, wie wir die Stille hinter den äußeren Dingen finden können.

In die Stille finden

Suchen Sie Ihren heiligen Raum, nachdem Sie ihn für sich entdeckt haben, regelmäßig auf, um in die Stille zu finden. Beobachten Sie eine Weile Ihren Atem, und horchen Sie in sich hinein, was Sie gerade geistig beschäftigt. Lassen Sie dann für den Zeitraum dieser Übung alles los, was Sie daran hindert, sich einzulassen. Lauschen Sie bewusst auf die äußere Stille, die Sie umgibt. Hören Sie auf die Stille zwischen den Geräuschen. Betrachten Sie einen Baum oder eine Blume, und erkennen Sie, wie still sie im Sein wurzeln. Wenn Sie Musik hören (ruhige klassische Musik eignet sich hervorragend, um in die Stille zu finden), achten Sie auf die kurzen Pausen zwischen den Tönen des Klaviers oder der Violine, horchen Sie auf die Stille zwischen den Klängen. Beobachten Sie auch die Pause zwischen Ihrem Ein- und Ausatmen. Schauen und lauschen Sie einfach. Indem Sie die äußere Stille wahrnehmen, kommen Sie in Kontakt mit Ihrer inneren Stille.

Der klassische Weg in die Stille, den die spirituellen Traditionen empfehlen, ist die Meditation, die meist bedeutet, in einer bestimmten Sitzhaltung geistige Übungen durchzuführen. Jede spirituelle Tradition hat ihre eigenen Meditationsformen entwickelt, und jede einzelne von ihnen bietet Vorteile und Herausforderungen. Jenseits der vielen Methoden können wir jedoch auch in unserem Alltag eine meditative Qualität verwirklichen, ohne uns auf ein Meditationskissen setzen zu müssen. Aus dem Taoismus stammt die Vorstellung des »Nicht-Tuns«, das nicht verwechselt werden darf mit dem Nichtstun. Nicht-Tun heißt, für eine Weile in den »Seins-Modus« umzuschalten, innezuhalten und den Augenblick zu beobachten, ohne ihn auf irgendeine Weise verändern zu wollen. Wir können Nicht-Tun praktizieren und uns gleichzeitig einer Tätigkeit hingeben, doch wir üben sie aus in dem Bewusstsein, dass alles in Ordnung ist, so wie es ist, und widerstehen dem Drang, uns Plänen, Tagträumen, Sorgen oder anderen geistigen Ablenkungen hinzugeben.

Thoreau pflegte während seiner Auszeit in den Wäldern von Massachusetts stundenlang an der Tür seiner Hütte zu sitzen und einfach zuzusehen, wie die Sonne über den Himmel wanderte, dem Gesang der Vögel zu lauschen oder das Spiel von Licht und Schatten zu beobachten: »Es gab Zeiten, in denen ich mich nicht entschließen konnte, die Blüte des Augenblicks irgendwelcher Arbeit des Kopfes oder der Hände zu opfern. Ich lasse gern einen breiten Rand an meinem Leben.« Der heilige Raum ist jener »breite Rand« an unserem Leben, der uns lebendig macht. »Es war Morgen, aber siehe, nun ist es Abend geworden, und nichts Berichtenswertes ward getan«, schreibt Thoreau weiter. Auch wenn es aussehen mag, als werde hier nichts oder nicht viel getan, bleibt doch gleichzeitig nichts Wichtiges ungetan. »Statt zu singen wie die Vögel, freue ich mich stillvergnügt meines dauernden Glückes.« Statt von Ablenkung zu Ablenkung zu springen, lassen wir uns nieder im Gefühl des bloßen Lebendigseins. Das ist die meditative Haltung, in der wir unseren heiligen Raum auskosten können. Was immer wir gerade tun, wir tun es mit ganzem Herzen und in Mühelosigkeit, ohne den Wunsch, dass irgendetwas anders sein sollte, als es ist. Jon Kabat-Zinn, ein Arzt, der die buddhistische Achtsamkeitsmeditation mit großem Erfolg in seine medizinische Praxis integriert hat, empfiehlt, sich in diesen Augenblicken mit Nachdruck »Das ist es« zu sagen – als Erinnerung daran, dass das, was gerade geschieht, der beste Augenblick unseres Lebens sein könnte. Wer weiß? Wir sollten zumindest aufmerksam genug sein, um ihn zu erkennen.

Nicht-Tun

Halten Sie im Laufe des Tages immer wieder einmal inne und gönnen Sie sich wie Thoreau einen »breiten Rand« an Ihrem Leben, um die »Blüte des Augenblicks« zu genießen: Gehen Sie hinaus ins Freie, betrachten Sie den Himmel, spüren Sie die Luft und Temperatur, nehmen Sie die Geräusche und Gerüche in Ihrer Umgebung wahr. Machen Sie einen Spaziergang, und praktizieren Sie das meditative Gehen. Oder bereiten Sie sich eine Tasse Tee zu, und nehmen Sie Ihr Lieblingsbuch zur Hand. Was auch immer Sie tun, versuchen Sie, Ihre Geschichten loszulassen und den gegenwärtigen Moment so zu akzeptieren, wie er ist, einschließlich Ihrer Gefühle. Werden Sie sich Ihres Atems bewusst. Lassen Sie Ihre Vorstellung los, dass Sie irgendetwas ändern müssten. Lösen Sie sich auch von dem Wunsch, selbst anders zu sein, als Sie sind. Sagen Sie sich selbst: »Das ist es«, und stellen Sie sich vor, dass Sie gerade den besten Augenblick Ihres Lebens erfahren.

Im heiligen Raum, in der Stille und in der Zeit des Nicht-Tuns können wir die Stimme unseres Herzens hören. Unsere stets umherschweifenden Gedanken beruhigen sich für eine Weile, und wir kommen in Kontakt mit dem, was uns wirklich ausmacht, jenseits all der Geschichten, die wir uns den lieben langen Tag über uns selbst erzählen. Wir können uns dem Augenblick hingeben und erfahren neben dem heiligen Raum auch sein Äquivalent, die »heilige Zeit«, die nichts anderes ist als das in der spirituellen Literatur häufig beschriebene Hier und Jetzt. Darüber mehr im nächsten Kapitel.

20

Im Hier und Jetzt

Wanderer, es gibt keinen Weg.
Der Weg entsteht im Gehen.
Antonio Machado

Als ich bereits einige Zeit auf dem Camino verbracht hatte, beobachtete ich bei mir selbst wie auch bei anderen Pilgern ein seltsames Phänomen: Häufig konnte ich mich nicht mehr an den Namen des Ortes erinnern, in dem ich die Nacht zuvor verbracht hatte. »Warte mal, es war ... nein, das war vorgestern. War es vielleicht ...?« An die Orte selbst jedoch erinnerte ich mich fast kristallklar, samt ihren Gerüchen, Farben und Geräuschen. Der ganze Weg schien sich in sinnliche Eindrücke und Begegnungen aufzulösen, deren Abfolge unwichtig war. Diese Erinnerungslücken mögen zum einen daran gelegen haben, dass ich jede Nacht woanders verbrachte. Stärker jedoch war die Wirkung des meditativen Rhythmus der Schritte, der Stille und der unglaublichen Langsamkeit, mit der ich mich durch den Raum bewegte, langsamer als die Wolken über das Land zogen. Ab einem gewissen Zeitpunkt hörte ich auf zu planen, sorgte mich nicht mehr, ob ich noch

Die Straße durch Rabanal del Camino

einen Herbergsplatz bekommen würde oder ob ich der jeweiligen Etappe gewachsen wäre, sondern gab mich einfach dem hin, was geschah – eine Erfahrung, die vor allem deshalb so ungewöhnlich war, weil sie der Art und Weise, wie ich meinen Alltag lebte, völlig widersprach. Je weiter ich voranschritt, desto mehr gewann ich ein Gefühl von Zeitlosigkeit.

Der Camino bringt den Pilger in den gegenwärtigen Moment. Je länger man auf dem Weg ist, desto stärker wird die Bereitschaft, sich ganz dem Gehen, Schauen, Hören, Fühlen und Erleben hinzugeben. Vor der Gefahr, sich beim Wandern in der Innenwelt zu verlieren, schützt die Notwendigkeit, die Aufmerksamkeit auf das Äußere kontinuierlich aufrechtzuerhalten, um die Wegzeichen nicht zu verpassen, die dem Pilger die Route durch Spanien weisen. Ob der Weg nun durch Felder, Dörfer, Wälder, Großstädte oder über weite Ebenen und Berge führt, stets zeigen einem diese Markierungen in Form von gelben Pfeilen und Muscheln die richtige Route an. Im Großen und Ganzen ist der Camino so gut ausgewiesen, dass man sich kaum verirren kann. Man tut es dennoch – wenn es an Aufmerksamkeit mangelt. Denn diese Wegzeichen finden sich an den unterschiedlichsten Orten: auf Steinen, Straßen und Schildern, an Bäumen, Hauswänden, Laternenpfählen und Fensterläden, im Grunde überall, wo sich Platz für Farbe findet. Es war ein ständiger Scherz unter Pilgern, dass wir uns zu Hause ohne diese wegweisenden Pfeile sicherlich nicht mehr zurechtfinden würden. Und tatsächlich waren diese Wegzeichen eine kontinuierliche Aufforderung, ganz präsent zu sein, um den entscheidenden Hinweis, wohin uns unser Weg führen könnte, nicht zu verpassen, was so leicht passiert, wenn wir uns permanent mit der Vergangenheit und Zukunft beschäftigen und es an Achtsamkeit mangeln lassen für das, was der jeweilige Moment erfordert.

Diese seltsame hellwache Trance, von der ich gar nicht genug bekommen konnte, habe ich damals nur registrieren können, ich verstand nicht, was geschah. Während mein Körper Höchstleistungen vollbrachte, schien mein Denken, das sonst nie Ruhe gab, alle viere von sich gestreckt auf dem Sofa zu lümmeln.

Die beste Erklärung für das, was ich erlebte, fand ich nach meiner Heimkehr bei dem Jesuiten Franz Jalics, der in Deutschland das aus der christlich-orthodoxen Tradition stammende »Herzensgebet« oder »Jesusgebet« lehrt. Er beschreibt in seinen Büchern ebenjenen Zustand, der mich selbst vor ein Rätsel stellte, als die Essenz der Kontemplation. Der Mensch ist nach seinen Ausführungen so beschaffen, dass sich sein Verhalten in drei Schritten vollzieht: Wahrnehmen, Denken, Tun. Die Wahrnehmung, die am Anfang von allem steht, besteht zum einen in den Sinneswahrnehmungen wie Hören, Tasten, Schmecken, Sehen und Riechen, zum anderen in der geistigen Wahrnehmung in Form von Bewusstwerden oder Innewerden, das heißt der Weise, in der wir die Realität zur Kenntnis nehmen. Auf diesen ersten

Schritt der Wahrnehmung folgt das Denken als Reaktion auf das Wahrgenommene: Wir ordnen es in unser geistiges Bezugssystem ein und verarbeiten es in der Reflexion, der Analyse, im Vergleichen, Entscheiden oder Planen. Im dritten Schritt, dem Handeln, werden wir aktiv und setzen unsere Einsichten in die Tat um.

Diese drei Verhaltensweisen, die notwendigerweise aufeinander folgen, sind in unserer modernen Welt aus dem Gleichgewicht geraten, indem wir dem zweiten und dritten Schritt deutlich mehr Raum geben als dem ersten. Dem Denken und Handeln wird heute eine solche Bedeutung beigemessen, dass wir, sobald wir etwas wahrgenommen haben, sofort ins Überlegen, Erwägen, Beurteilen und schlimmstenfalls ins Grübeln kommen. Wenn wir dann, was meist der Fall ist, nicht einverstanden sind mit dem Ergebnis unserer Überlegungen, verfallen wir in hektische Betriebsamkeit und strengen uns mächtig an, um die Dinge zu verändern. Die Wahrnehmung kommt dabei zu kurz.

Es ist jedoch gerade die Wahrnehmung, die allem zugrunde liegt. Kontemplation heißt in seiner ursprünglichen Wortbedeutung »Schauen«. In der kontemplativen Haltung brauchen wir nichts zu erreichen, der Leistungsdruck, das Machen-Müssen schwinden. Alles, was da ist, darf sein. Wir brauchen nichts zu ändern. Es ist nicht verwunderlich, dass unsere moderne Welt, in der das »Besser, schneller, höher, weiter«-Prinzip nahezu alles bestimmt und in der der äußere Erfolg über die Anerkennung und Wertschätzung entscheidet, die wir erhalten, der Kontemplation keine große Bedeutung beimessen kann. Kontemplation führt zu keinem Ergebnis, das man vorweisen kann. Doch es verleiht dem Denken und Handeln erst die nötige Inspiration.

Dass das Denken, das auf echter Schau basiert, kreativer und inspirierter ist als das Denken, das immer nur um sich selbst kreist, befand auch Albert Einstein, für den die Schau immer einen hohen Stellenwert hatte: »Die Probleme, die es heute auf der Welt gibt, lassen sich nicht auf der Ebene des Denkens lösen, das sie erzeugt hat.« Hin und wieder müssen wir beiseitetreten und die Dinge sein lassen, wie sie sind, um das Denken zu erneuern. Auch der Philosoph Martin Heidegger, der ein leidenschaftlicher Wanderer war, empfahl den »Feldweg«, »wenn die Rätsel einander drängten und kein Ausweg sich bot«. Der Feldweg, das ist auch bei Heidegger die Zurücknahme des aktiven Denkens zugunsten einer Seinserfahrung. Er schreibt: »Der Mensch versucht vergeblich, durch sein Planen den Erdball in eine Ordnung zu bringen, wenn er nicht dem Zuspruch des Feldweges eingeordnet ist.« Und schließlich wird auch das Handeln mehr Erfolge erzielen, wenn es gespeist wird von der Inspiration, die durch die Kontemplation gewonnen wird. Der Psychologe Viktor E. Frankl, der Auschwitz überlebte und in der Verarbeitung seiner Erlebnisse die

Logotherapie entwickelte, ist überzeugt: »Erfolg kann wie Glück nicht verfolgt werden; er muss erfolgen ... als unbeabsichtigte Nebenwirkung, wenn sich ein Mensch einer Sache widmet, die größer ist als er selbst.«

Ein Glückszustand, der sich als unbeabsichtigter »Nebeneffekt« einstellt, ist umso wertvoller als er keine Ursache hat. Zu dieser besonderen Verzauberung, die wir empfinden können, wenn wir uns ganz im Zustand der Wahrnehmung befinden, fand ich eine wunderschöne Geschichte:

Eines Tages begab sich ein Mönch auf einen Spaziergang, als er mit einem Mal das Lied eines Vogels wahrnahm. Verzaubert blieb er stehen und lauschte. Er lauschte und lauschte und hatte das Gefühl, dass er niemals zuvor einen Vogel in dieser Weise hatte singen hören. Als der Vogel sein Lied beendet hatte, machte sich der Mönch auf den Heimweg. Doch als er das Kloster betrat, entdeckte er, dass seine Mitbrüder nicht mehr da waren. Die Mönche waren ihm fremd, und er war ihnen fremd. Was war geschehen? Allmählich verstand er, dass er so versunken in das Lied des Vogels gewesen war, dass für ihn die Zeit stehen geblieben war. Während er dem Lied gelauscht hatte, waren Jahrhunderte vergangen.

Der Mönch der Geschichte findet aus der Zeit den Eintritt in die Ewigkeit, indem er sich dem Augenblick hingibt. Dieser Gedanke ist so universell, dass man ihn in nahezu allen spirituellen und philosophischen Traditionen der Welt antrifft. Auch wenn das traditionelle Christentum das »ewige Leben« erst nach dem Tod ansiedelt, so wussten die christlichen Mystiker doch immer, dass das Tor zur Ewigkeit nicht der Tod, sondern der gerade existierende Moment ist. Ihre Interpretation der christlichen Botschaft erscheint deshalb auch als so viel positiver als die dogmatische Deutung. Meister Eckhart schreibt: »Wenn der Mensch erhoben ist über die Zeit in die Ewigkeit, so wirkt dort der Mensch ein Werk mit Gott.« Und an anderer Stelle: »Es gibt ein oberstes Teil in der Seele, das steht erhaben über die Zeit und weiß nichts von der Zeit noch vom Leibe.« Mit dem »obersten Teil der Seele« ist natürlich der innere Raum gemeint, der zeitlos ist. »Der Tag, der vor tausend Jahren war, der ist in der Ewigkeit nicht entfernter als der Zeitpunkt, in dem ich jetzt eben stehe, oder (auch) der Tag, der nach tausend Jahren oder soweit du zählen kannst, kommen wird, der ist in der Ewigkeit nicht entfernter als dieser Zeitpunkt, in dem ich eben jetzt stehe.«

Auch die Dichter und Literaten haben sich unermüdlich damit beschäftigt, den Weg aus der Zeitgebundenheit in die Ewigkeit des Augenblicks zu finden und jene Verzauberung zu schildern, die den Mönch aus der oben erzählten Geschichte erfasste. Goethes Faust ist sogar bereit, einen Pakt mit dem Teufel zu schließen, um seiner Lebensmüdigkeit zu entfliehen und ein einziges Mal zum Augenblick sagen zu können: »Verweile doch, du bist so schön.« »Alle Lust will Ewigkeit, will tiefe, tiefe Ewigkeit«, lässt Friedrich Nietzsche seinen Zarathustra ausrufen. Und Hugo von Hofmannsthal, der sich nach eigenem Bekunden sein Leben lang »mit dem, was man ›Zeit‹ nennt«, herumgeschlagen hat, wird nicht müde, in seinem Werk immer wieder zu schildern, wie seine Helden und Figuren in »magischen Augenblicken« die Zeit überwinden. Über einen seiner Lektüre verfallenen Leser schreibt er: »Er hat nichts an die Vergangenheit verloren, nichts hat ihm die Zukunft zu bringen. Er ist für einen bezauberten Augenblick der Überwinder der Zeit.«

Das Glück, das wir empfinden, wenn wir in einem jener magischen Momente zu »Überwindern der Zeit« werden, das heißt, wenn wir uns dem, was wir tun und erleben, mit völliger Gegenwärtigkeit hingeben und Vergangenheit und Zukunft loslassen können, hat auch die Psychologie beschäftigt. Der amerikanische Psychologe Mihaly Csikszentmihaly befasste sich nicht weniger als ein Vierteljahrhundert mit ebendiesem Glückszustand und gab ihm einen Namen: *flow*. In seinem längst zum Klassiker avancierten Buch ›Flow – Das Geheimnis des Glücks‹ legt er das Ergebnis seiner Forschungen dar, das die Erkenntnisse, zu denen die Philosophie und spirituellen Traditionen lange zuvor gelangt sind, bestätigt. Um einen *flow* zu erfahren, sind unter anderem folgende Bewusstseinsqualitäten notwendig: Man ist so von seinem Tun absorbiert, dass es spontan und mühelos wird. Man ist gleichzeitig entspannt und voller Energie. Man vergisst sich selbst samt all seinen Problemen und Sorgen. Vergangenheit und Zukunft sind unwichtig. Alle psychischen Energien sind konzentriert. Man fühlt sich eins mit seiner Umwelt, seiner Tätigkeit und dem Leben. Über die Veränderung des Bewusstseins in diesen Momenten, die Csikszentmihaly anhand unzähliger Erfahrungen von Bergsteigern, Chirurgen, Tänzern, Seglern, Musikern, Meditierenden, Schachspielern, Lesern oder Eltern untersucht hat, schreibt er: »Die Konzentration des *flow*-Erlebnisses – verbunden mit deutlichen Zielen und unmittelbarer Rückmeldung – schafft Ordnung im Bewusstsein und leitet den erfreulichen Zustand psychischer Negentropie ein.« Und interessanterweise kommt er zur Erkenntnis, dass diese Art von Glückszuständen uns auf seelischer und mentaler Ebene wachsen lässt: »Wenn die Aktivität vorbei ist ..., ist das Selbst nicht mehr das gleiche wie vor der *flow*-Erfahrung: Es ist nun von neuen Fähigkeiten und neuen Leistungen bereichert.«

All das macht nicht nur Lust, die Verzauberung im Alltag immer wieder zu suchen, es lässt jene Momente geradezu notwendig erscheinen. Diejenigen, die sie sowieso täglich in ihrer beruflichen Tätigkeit erleben, sind wahrhaft glücklich zu nennen, alle anderen können sich den Raum dafür bewusst schaffen.

Sich verzaubern lassen

Für jeden von uns gibt es die eine oder andere Tätigkeit, die uns völlig vereinnahmen und uns dieses besondere Gefühl der Verzauberung schenken kann, sei es das Lesen, Musizieren, Musikhören, Singen, Schreiben, Malen, Wandern, Bergsteigen, Yoga, Gärtnern, Tanzen, Schachspielen, Theater, das Gespräch mit bestimmten Menschen oder eine spezielle Sportart. Nehmen Sie sich auch bei übervollem Terminkalender regelmäßig Zeit für das, was Ihnen *entspricht – und nicht was bei anderen einen guten Eindruck macht –, und gestalten Sie diese Zeit bewusst als Ritual zum Kraftauftanken. Lassen Sie zu Beginn alle Gedanken an die Vergangenheit und Zukunft los, und entscheiden Sie sich dafür, dass in diesem besonderen Moment nichts anderes zählt als das, was Sie tun. Es handelt sich dabei nicht einfach um irgendeine Freizeitbeschäftigung, sondern darum, mit der Essenz unseres Wesens wieder in Kontakt zu kommen.*

In jüngster Zeit hat sich Eckhart Tolle mit der Kraft, die in der Erfahrung des Jetzt liegt, in seinen Büchern auseinandergesetzt. Er unterscheidet zwischen der »Uhrzeit«, die einen rein objektiven Rahmen bildet, um sich in Raum und Zeit zu bewegen, der »psychischen Zeit«, das heißt jener Zeit, in der unser Verstand zwischen Vergangenheit und Zukunft hin- und herspringt, und der Erfahrung des »Jetzt«, des gegenwärtigen Augenblicks. Es ist die psychische Zeit, die uns Stress und Probleme bereitet. Tolle fasst den Grundkonflikt des modernen Menschen in einem Satz zusammen: »Stress wird dadurch verursacht, dass wir ›hier‹ sind, aber ›dort‹ sein wollen, oder dass wir uns in der Gegenwart befinden, aber in der Zukunft sein möchten.« Wie die meisten spirituellen Lehrer gibt sich Tolle natürlich nicht mit der Lösung zufrieden, sich bewusst Zeit für die Erfahrung des gegenwärtigen Augenblicks einzuräumen, sondern er lehrt, wie man sich kontinuierlich im Zustand des Jetzt befinden kann. Nach der Pflicht folgt sozusagen die Kür – das kontemplative Leben in Reinkultur.

Die Einsicht, dass der gegenwärtige Moment im Grunde genommen der einzige Moment ist, den wir haben – unser ganzes Leben lang –, ist so offensichtlich, dass sie fast trivial ist, dennoch verlieren wir einen Augenblick nach dem anderen, indem wir uns über eine Vergangenheit grämen, auf die wir keinen Einfluss mehr haben, und indem wir uns Sorgen machen über eine Zukunft, auf die wir ebenfalls keinen Einfluss haben, ausgenommen natürlich die Möglichkeit, jetzt, in diesem Moment, so zu handeln, dass die zukünftigen Momente möglichst zufriedenstellend sind. Der Buddha sagte: »Willst du deine Vergangenheit kennen, dann betrachte dich selbst in der Gegenwart, denn sie ist das Resultat deiner Vergangenheit. Willst du deine Zukunft kennen, dann betrachte dich selbst in der Gegenwart, denn sie ist die Ursache deiner Zukunft.« Wir haben immer nur die Gegenwart, den einen Moment.

Es ist die Achtsamkeit, die uns für den Moment empfänglich machen kann, denn sie führt in den Zustand der Präsenz. Augenblicke, die wir in stiller Wachheit verbringen, ohne irgendetwas ändern zu wollen, schenken uns die Klarheit zu erkennen, was jetzt das Allerwichtigste ist. Wie Thoreau schreibt: »Nur *der* Tag bricht an, für den wir wach sind.« Die Achtsamkeitsmeditation aus dem ersten Kapitel, die Geh-Meditation aus dem zweiten und viele der anderen in diesem Buch vorgestellten Übungen lehren uns, Achtsamkeit zu praktizieren. Wenn wir uns vornehmen, sie den ganzen Tag lang aufrechtzuerhalten, müssen wir uns immer wieder daran erinnern, denn wir neigen dazu, den Vorsatz innerhalb von Minuten aus den Augen zu verlieren. Wie auf dem Camino die Pfeile und Muscheln die Pilger immer wieder auffordern, in der Gegenwart zu bleiben, so kann man sich kleine Erinnerungshilfen schaffen. Thich Nhat Hanh beispielsweise empfiehlt, jedes Telefonläuten zum Anlass zu nehmen, sich selbst in den Zustand der Achtsamkeit zurückzuholen. Er lässt das Telefon einfach einige Male läuten, bevor er den Hörer abnimmt, und das gibt ihm Zeit, auf seinen Atem zu achten und sich zu zentrieren.

Die Geh-Meditation, eine der praktischsten und einfachsten Möglichkeiten, Achtsamkeit zu üben und in den gegenwärtigen Moment zu finden, lässt sich durch Worte und Sätze, die wir still in Gedanken sprechen, noch vertiefen. In der indisch-asiatischen

Tradition kennt man das *Mantra*, heilige Silben, die den Geist fokussieren und zur Ruhe bringen. Der Begriff, der aus dem Sanskrit stammt, bedeutet wörtlich »etwas, worauf der Geist sich stützt«. Es gibt berühmte Mantras wie beispielsweise das »Om«, das dem Urklang des Universums entsprechen soll, oder das »Om mani padme hum«, das tibetische Mönche stundenlang vor sich hinmurmeln und das nach der tibetisch-buddhistischen Lehre das Mitgefühl und den Segen aller Buddhas verkörpert. Wir können jedoch ebenso gut deutsche Worte verwenden, wichtig ist nur, dass sie eine positive oder zumindest neutrale Bedeutung für uns haben. Der Medizinforscher Herbert Benson hat herausgefunden, dass beim Gehen selbst die schlichte Wiederholung von »ein« und »aus« zusammen mit dem Atmen Ängste reduziert und die Energie steigert. Die Konzentration auf ein Mantra schützt davor, sich in Gedanken zu verlieren, und hält die Aufmerksamkeit auf den Augenblick gerichtet.

Thich Nhat Hanh empfiehlt, im Atemrhythmus still im Geist die Worte zu wiederholen: »Eine Lotosblume erblüht aus jedem Schritt.« Oder: »Ich gehe auf grüner Erde.« Wir können auch einzelne Worte wie »Liebe«, »Stille«, »Frieden«, »Hoffnung« oder jeden anderen Begriff verwenden, der positiv für uns klingt. Die Vorstellung, dass sich die Wiederholung des Wortes »Liebe« auf unseren mentalen Zustand auswirken kann, mag Skepsis hervorrufen; wenn man sich allerdings überlegt, dass jemand beim Gehen »Hass, Hass, Hass« vor sich hinmurmelt, kann man sich ohne Probleme vorstellen, wie ein solches Mantra seinen Geist beeinflusst.

In jüngerer Zeit haben die Experimente des japanischen Forschers Masaru Emoto von sich reden gemacht, der die Wirkung von Worten auf Wasserkristalle untersuchte. Die Fotos, die er in seinen Büchern präsentiert, zeigen harmonische Kristalle unter dem Einfluss von positiven Worten, disharmonische bei negativen Begriffen. Ich habe keine Ahnung, inwieweit die Experimente Emotos objektiven Forschungskriterien standhalten, die Fotos sind allerdings bestechend. Wenn man dieser Idee folgt, kann man sein Mantra auch passend zu seinem momentanen Gefühlszustand wählen beziehungsweise zur Wirkung, die man erreichen möchte. Wenn man sich sanft daran erinnern möchte, in die Gegenwart zurückzukehren, spricht man vielleicht »Ich bin hier und ich gehe« oder »Genau hier, genau jetzt«. Wenn man mit Widerständen kämpft, hilft ein »Ja, Ja, Ja« im Rhythmus der Schritte und des Atems. »Ich bin frei« macht Mut, zu sich selbst zu stehen. Der Fantasie sind bei der Wahl des Wortes oder Satzes keine Grenzen gesetzt.

Nicht nur die Buddhisten haben das Gehen zu einer Meditationsform verfeinert, auch das Christentum hat im »Herzensgebet« eine Möglichkeit entwickelt, im Gehen Kontemplation zu üben. Im Folgenden stelle ich das Herzensgebet vor, wie es seit Jahrhunderten in der christlichen Tradition gelehrt wird:

Das christliche Herzensgebet

Suchen Sie sich einen ruhigen Ort in der Natur und spazieren Sie zunächst eine Weile lang so, wie Sie es gewohnt sind. Entspannen Sie sich, und nehmen Sie Ihre Umgebung aufmerksam wahr, den Himmel, die Landschaft, die Blume, den Wind. Versuchen Sie, absichtslos ins Schauen und ins Lauschen zu finden. Beginnen Sie dann wie in der Geh-Meditation, in langsamen und ruhigen Schritten zu gehen. Sagen Sie sich still im Geist: »Herr Jesus Christus, erbarme dich meiner«, und verbinden Sie die Silben mit Ihrem Atem und Ihren Schritten. Wenn Ihre Gedanken abschweifen, nehmen Sie es einfach nur wahr und kehren Sie sanft zu Ihren Schritten und zu Ihrem Satz zurück. Versuchen Sie nicht, Ihre Gefühle oder Gedanken zu verändern. Alles darf sein, wie es ist.

Franz Jalics betont, dass das kontemplative Herzensgebet etwas sehr Zartes ist: »Es ist wie eine sanfte Blume, die wächst, indem man sie mit Liebe umgibt und zuschaut, wie sie sich entfaltet. Man kann sie gießen und an die Sonne stellen, aber nicht direkt zum Wachsen drängen.« Deshalb vermeidet er auch den Begriff »Konzentration«, der ihm zu hart ist, um die Kontemplation zu beschreiben. Ähnlich wie beim taoistischen Nicht-Tun geht es auch beim Herzensgebet darum, nicht eingreifen zu wollen in das, was geschieht.

Wer in der christlichen Tradition zu Hause ist und einen anderen Meditationssatz daraus schöpfen möchte, findet in den Psalmen eine Fülle an Versen, die sich für das meditative Gehen eignen. Auch das Friedensgebet von Franz von Assisi, das Gelassenheitsgebet von Reinhold Niebuhr oder das Lied ›Von guten Mächten wunderbar geborgen‹, das Dietrich Bonhoeffer während seiner Gefangenschaft unter den Nazis verfasste, führen in die Stille und Gelassenheit:

Herr, mach mich
zu einem Werkzeug deines Friedens,
dass ich liebe, wo man hasst;
dass ich verzeihe, wo man beleidigt;
dass ich verbinde, wo Streit ist;
dass ich die Wahrheit sage, wo Irrtum ist;
dass ich Glauben bringe, wo Zweifel droht;
dass ich Hoffnung wecke, wo Verzweiflung quält;
dass ich Licht entzünde, wo Finsternis regiert;
dass ich Freude bringe, wo der Kummer wohnt.
Franz von Assisi

Herr, schenke mir Gelassenheit,
die Dinge hinzunehmen,
die ich nicht ändern kann,
Mut, die Dinge zu ändern,
die ich ändern kann,
und die Weisheit,
das eine vom anderen zu unterscheiden.
Reinhold Niebuhr

Von guten Mächten wunderbar geborgen,
erwarten wir getrost, was kommen mag.
Gott ist mit uns am Abend und am Morgen
Und ganz gewiss an jedem neuen Tag.

Noch will das Alte unsre Herzen quälen,
noch drückt uns böser Tage schwere Last.
Ach Herr, gib unsern aufgescheuchten Seelen
das Heil, für das du uns bereitet hast.
Dietrich Bonhoeffer

Wer sich keiner spirituellen Tradition zugehörig fühlt, kann stattdessen auch ein Gedicht wählen. Wissenschaftler haben herausgefunden, dass der Rhythmus der Hexameter in Homers ›Ilias‹ und ›Odyssee‹ langsamere Atemschwingungen erzeugt, wodurch sich Herzschlag und Atem synchronisieren und Gefühle von Ruhe und Gelassenheit einstellen. Doch es müssen nicht gleich die Hexameter der großen griechischen Epen sein; auch die Rhythmik anderer Gedichte wirkt sich positiv auf die Psyche aus. So eignen sich beispielsweise ›Wandrers Nachtlied‹ von Goethe oder das Gedicht, mit dem Rilke sein ›Stundenbuch‹ beginnt:

Ich lebe mein Leben in wachsenden Ringen,
die sich über die Dinge ziehn.
Ich werde den letzten vielleicht nicht vollbringen,
aber versuchen will ich ihn.

Ich kreise um Gott, um den uralten Turm,
und ich kreise jahrtausendelang;
und ich weiß noch nicht: bin ich ein Falke, ein Sturm
oder ein großer Gesang.
Rainer Maria Rilke

Jeder wird seine eigenen Texte finden, die sich als Begleitung für die Geh-Meditation eignen, die hier genannten sind nur einige Vorschläge, die bei den meisten Menschen eine Saite zum Schwingen bringen, vor allem auch deshalb, weil sie einem zum Teil schon von Kindesbeinen an vertraut sind. Wenn man sie zum ständigen Begleiter macht, entwickeln sie nach und nach ihre Kraft. Der heilige Benedikt sagte: »Große Dinge werden durch Wiederholung nicht langweilig. Nur das Belanglose braucht die Abwechslung und muss schnell durch anderes ersetzt werden. Das Große wird größer, indem wir es wiederholen, und wir selbst werden reicher dabei und werden still und werden frei.«

Indem wir unserem Leben die kontemplative Dimension zurückgeben, erneuern wir unser Denken und Handeln. Der Versuch, sich permanent im kontemplativen Zustand zu befinden, wie einige spirituelle Lehrer postulieren, halte ich für ein hohes Ideal und schwer erreichbar, wenn man sich nicht gerade für ein Leben im Kloster entscheidet. Im Grunde genommen geht es darum, das ausgewogene Maß zwischen Aktivität und Kontemplation zu finden, also zwischen *vita activa* und *vita contemplativa*, wie man es noch aus dem Lateinunterricht kennt. Ich muss heute noch schmunzeln, wenn ich mich daran erinnere, wie unser damaliger Latein-Leistungskurs in der Bibliothek einer norddeutschen Kleinstadt zusammensaß und über eine Antwort auf die Frage unseres Lehrers nachgrübelte, wie heute wohl ein kontemplatives Leben aussehen könne. Nach einiger Zeit ratlosen Schweigens machte jemand einen zaghaften Versuch: »Autogenes Training?« Alle nickten erleichtert, ja, autogenes Training schien uns ausgesprochen kontemplativ zu sein. Zumindest wollte uns partout nichts anderes einfallen.

Noch heute hat für mich der Begriff »kontemplatives Leben« etwas Altmodisches, seltsam Nicht-Zeitgemäßes. Es klingt ein wenig nach Rosenzüchten, »guten« Büchern und nach etwas, was man sich für die Rente vornimmt. Nicht annähernd so hip und zeitgeistig wie die Begriffe »Entschleunigung«, »Downshifting« oder »Lessness«, die derzeit als Rezepte gegen die moderne Stresskrankheit genannt werden. Doch um aus dem Hamsterrad wirklich aussteigen zu können, müssen wir vermutlich auch in diesem Punkt eine echte Gegenwelt zu unserem normalen Erleben schaffen. Es ist gerade die Erfahrung des Hier und Jetzt, die uns öffnet für das Staunen, die Verzauberung und das Abenteuer, die Welt immer wieder neu zu sehen.

Den Sinn für Abenteuer zurückerobern

Von deinen Sinnen hinausgesandt,
geh bis an deiner Sehnsucht Rand …
Lass dir Alles geschehn:
Schönheit und Schrecken.
Man muss nur gehn:
Kein Gefühl ist das fernste.
Rainer Maria Rilke

Es war eine faszinierende Erfahrung, jeden Morgen aus der Tür zu treten und dem erwachenden Tag entgegenzulaufen, begleitet nur vom leisen Klicken der Wanderstöcke. Alles konnte geschehen: Ich durchwanderte Landschaften, die ich nie zuvor gesehen hatte, und akzeptierte jedes Wetter, das mir geboten wurde. Ich wusste nicht, wie das Terrain fürs Laufen beschaffen sein oder wie mein Körper reagieren würde. Abenteuer braucht man auf dem Camino nicht zu suchen, Überraschungen bietet er quasi an jedem neuen Tag.

Irgendwo las ich, dass jeder Raum unseres Lebens so lange unbekanntes Terrain ist, bis wir uns entscheiden, ihn zu leben. Wenn man dem Leben in

Morgenstimmung
in Galicien

dieser Weise begegnet, wird jeder Moment frisch, lebendig und einladend. Jeder Schritt bietet eine Gelegenheit, die eigene Weltsicht zu erweitern. Wenn man Abenteuer in dieser Weise definiert, bedeutet es weniger, tatsächlich aufregende Dinge zu erleben, als vielmehr in jedem Augenblick offen zu sein für das Unerwartete. Je länger ich unterwegs war, desto mehr Schönheit entdeckte ich in den Details meiner Umwelt, und ich antwortete mit Staunen und Bewunderung.

Wenn Pilger abends beim Rotwein zusammensaßen, drehten sich die Gespräche meist um außergewöhnliche Erlebnisse auf dem Weg. Und es passierten erstaunlich häufig eigenartige Zufälle, die uns quasi »magisch« erschienen: Da gelangten verloren gegangene Gegenstände auf verschlungenen Wegen nach vielen Kilometern zu ihrem Besitzer zurück, oder man wünschte sich, eine bestimmte Person zu treffen, und just in diesem Moment trat sie aus der Bar. Irgendwann hatten sich alle so daran gewöhnt, dass man nur noch mit einem Schulterzucken reagierte: »Camino eben.« Als ich hoch oben auf dem Pass von O Cebreiro die Milchstraße betrachtete, hatte ich das Gefühl, dass sie nur für mich in dieser Nacht so klar strahlend am Firmament stand, und empfand eine unglaubliche Dankbarkeit. Sicher, die Milchstraße verläuft entlang des Camino, des »Sternenwegs«, das tat sie immer schon, und dennoch erschien es mir wie ein persönliches kleines Wunder. Erfahrungen wie diese kann man überall machen, doch hat man den Eindruck, dass sie nicht in der Regelmäßigkeit stattfinden wie auf dem Camino, vielleicht weil man schlicht nicht darauf »gepolt« ist, diese kleinen Wunder wahrzunehmen.

Auf einer Pilgerreise scheint das Außergewöhnliche normal zu sein, auch wenn es absurd klingt. Die Griechen, eigentlich eher Verfechter der Vernunft, kannten dieses Gefühl: Diese Dinge seien Geheimnisse, die nicht erklärt werden können, doch man werde sie verstehen, wenn man sie erfahre, schrieb Sophokles über einen Pilger aus früheren Zeiten. Der Camino lädt ein, etwas wiederzuentdecken, was sich aus dem Alltag verflüchtigt hat: das Wunder oder, wie die Romantiker sagten, das Wunderbare.

Eines der größten Opfer, das man für das Erwachsenwerden bringt, ist möglicherweise der Verlust des Wunderbaren. Zumindest erschien es mir so, als ich die Zwanzig überschritten hatte und fand, dass die Welt immer mehr von dem Zauber einbüßte, die sie für mich als Kind und auch noch als Jugendliche gehabt hatte. Entsprechend glücklich war ich, als ich im Literaturstudium die Romantiker entdeckte, Schriftsteller und Gelehrte, die alles andere als naiv waren und das Wunderbare dennoch für möglich hielten. Oder zumindest für möglich halten wollten, da sie an der Entzauberung der Welt litten. Novalis machte der Tendenz seiner Zeit, die Welt mechanistisch zu deuten, den Vorwurf, sie habe »die unendliche schöpferische Musik des Weltalls zum einförmigen Klappern einer ungeheuren Mühle gemacht«, und stellte fest: »Die Natur fing an, immer dürftiger auszusehen, und wir sahen, deutlicher gewöhnt an den Glanz unserer Entdeckungen, dass es nur ein geborgtes Licht war, und dass wir mit den bekannten Werkzeugen und den bekannten Methoden nicht das Wesentliche, das Gesuchte finden und konstruieren würden.« Ebenso mahnte Friedrich Schlegel: »Das Universum kann man weder erklären noch begreifen, nur anschauen und offenbaren. Höret nur auf, das System der Empirie Universum zu nennen.« Dies ist umso erstaunlicher, als die romantischen Autoren in einer Zeit lebten, die wir heute als »heile Welt« bezeichnen würden. Was hätten sie wohl über eine Welt gedacht, in der ein weltweiter ökologischer Super-Gau eine real existierende Gefahr ist?

Novalis kam bezüglich seiner Dichtung zu dem Schluss: »Die Welt muss romantisiert werden. So findet man den ursprünglichen Sinn wieder … Indem ich dem Gemeinen einen hohen Sinn, dem Gewöhnlichen ein geheimnisvolles Ansehen, dem Bekannten die Würde des Unbekannten, dem Endlichen einen unendlichen Schein gebe, so romantisiere ich es.« Wenn man Pilgern in diesem Sinne »romantisch« nennt, so ist es das ganz sicher, nicht im Sinne von Sentimentalität, sondern in dem Sinne, dass die Empfänglichkeit für das Wunderbare zurückkehrt. Und das hat nichts mit dem naiven Wunderglauben zu tun, dem sich die populäre Esoterik hingibt, die die reale Welt mit Feen, Elfen und anderen Wesen bevölkert, um ihr den verlorenen Zauber zurückzugeben.

Es bedeutet einfach, das Wunderbare in dem zu sehen, was direkt vor einem liegt. Platon beschrieb das Staunen als den Beginn jeglichen Philosophierens.

Shunryu Suzuki, ein Zen-Mönch, der in den hippiebewegten 60er- und 70er-Jahren in San Francisco den Westen das Zen lehrte, fand einen Begriff für diese Fähigkeit zu staunen: den Anfänger-Geist. »Im Anfänger-Geist gibt es viele Möglichkeiten, im Geist des Experten nur wenige«, schrieb er. Der Anfänger-Geist ist seitdem zum geflügelten Wort geworden, um die Offenheit des Geistes zu umschreiben, mit der wir jeder Erfahrung begegnen. Anfänger-Geist heißt, vorgefasste Meinungen, Einstellungen und Ideen fallen zu lassen und einfach nur wahrzunehmen, was gerade geschieht. Wenn wir einen Anfänger-Geist bewahren, sehen wir mit den Augen eines Kindes, und unsere Umwelt wird zu einem geheimnisvollen, magischen Wunderland. Und das bedeutet alles andere als Naivität – im Management beispielsweise hat sich das Konzept des Anfänger-Geistes mittlerweile ebenfalls zu einer festen Größe etabliert, denn auch hier ist man zu der Erkenntnis gelangt, dass allzu viele Experten häufig »den Brei verderben«. Es braucht hin und wieder eine kindliche Unbefangenheit, um Lösungen zu finden, auf die die Experten nicht kommen, weil ihr Gesichtsfeld durch allzu viel erprobtes Know-how eingeengt ist. Die folgende Übung, die den Anfänger-Geist zu erforschen lehrt, ist von Mark Coleman inspiriert, einem buddhistischen Lehrer, der Retreats in der Natur durchführt:

Anfänger-Geist

Diese Übung lehrt, etwas Vertrautes zu betrachten und sich darin zu üben, es ganz neu zu sehen. Versuchen Sie es beispielsweise mit einem Baum. Stellen oder setzen Sie sich – möglichst unbeobachtet – vor ihn und nehmen Sie ihn mit allen Sinnen wahr. Lassen Sie Ihren Blick von den Wurzeln über den Stamm, die Äste und Zweige bis zu den Blättern wandern. Lassen Sie jeden Gedanken über den Baum los, etwa um welche Art Baum es sich handelt oder wie alt er ist. Schenken Sie einfach jedem Detail Ihre Aufmerksamkeit, betrachten Sie ihn, als ob Sie das erste Mal in Ihrem Leben einen Baum sehen würden. Sie können ihn auch mit Ihren anderen Sinnen weiter erforschen, indem Sie die Augen schließen und einfach nur dem Geräusch der Blätter lauschen, Sie können ihn mit Ihren Händen betasten oder Ihre Aufmerksamkeit auf den Geruch seiner Rinde, Blätter und Wurzeln richten. Nehmen Sie wahr, ob sich Ihre Erfahrung des Baums verändert. Erforschen Sie Ihren Anfänger-Geist.

Voraussetzung für das Staunen sind Neugier, Aufmerksamkeit und Interesse. Es bedeutet, Dingen nicht nur einen kurzen Blick zuzuwerfen und weiterzuhasten, sondern das, womit wir in Kontakt kommen, wirklich zu erforschen. Und es bedeutet, sich ergreifen lassen zu können von dem, was uns begegnet. Der Benediktinerpater David Steindl-Rast schreibt: »Der Name unseres Exils ist nicht Babylon oder Ägypten, sondern Gewöhnung.« Wenn wir den Eindruck haben, tagein, tagaus dasselbe zu tun, zu sagen und – schlimmer noch – sogar zu denken und zu fühlen, sind wir nicht mehr weit entfernt vom »Murmeltier-Syndrom«: Wie Bill Murray im Film ›Und täglich grüßt das Murmeltier‹ jeden Morgen wieder und wieder in denselben Tag startet, auf dieselben Menschen trifft und dieselben Erlebnisse hat, fühlen wir uns selbst hin und wieder, wenn aus unserem Alltag jeglicher Zauber gewichen scheint. Der Anfänger-Geist hilft, das Bekannte und allzu Vertraute einfach neu und anders zu sehen. »Wir können unser fortschreitendes Stumpfwerden aufhalten wie einen Krankheitsprozess«, schreibt Steindl-Rast weiter, »wir können den Ablauf umkehren, können lernen, jeden Tag noch nie Gewürdigtes neu zu erleben.« Das genau ist auch die beste Medizin gegen den Zynismus, der sich heute wie eine Epidemie ausbreitet.

Ich erinnere mich an einen der letzten Abende in Santiago, als sich wie so oft eine Gruppe Pilger zu einem Abendessen zusammengefunden hatte. Einer von ihnen, ein seinerzeit engagierter Fernsehredakteur, der den Camino als Übergang in sein Rentenalter gelaufen war, unterhielt mit dem brillanten Witz und scharfzüngigen Sarkasmus, der der journalistischen Branche zu eigen ist, seine Zuhörer. Er machte sich lustig über die Ergriffenheit der Pilger angesichts von Landschaften, Sonnenaufgängen und anderen Erlebnissen. »Ich halte Sonnenaufgänge für überschätzt«, witzelte er und meinte, dass er weit beeindruckendere Landschaften durchwandert hätte als die des Camino. Was in Gottes Namen bloß so faszinierend daran wäre? Obwohl ich mit den anderen lachte, gab es mir doch einen Stich. Hatte er nicht recht? Hätte ich mit dieser wertvollen Auszeit, die ich mir gegönnt hatte, nicht etwas viel Aufregenderes anstellen und Großartigeres erleben können? Hatten wir uns vielleicht alle nur einem sentimentalen Dusel hingegeben, waren einem Hype aufgesessen, der jeder Vernunft widersprach? Der Zweifel währte jedoch nicht lange, denn was nützen die grandiosesten Landschaften, die interessantesten Menschen, die inspirierendsten Gespräche, die großartigsten Sonnenaufgänge, wenn es an der Fähigkeit mangelt, sich ergreifen und faszinieren zu lassen? Genau das macht doch letztlich den Unterschied aus.

Und die Erfahrung einer im Verlauf des Weges stetig wachsenden Sensibilität und Empfänglichkeit machen tatsächlich alle Pilger. Ich erinnere mich an einen Tag in Galicien, als ich frühmorgens durch den üblichen Nebel wanderte. Galicien ist eine feuchte Gegend. In den Pilgerführern wird von tagelangen heftigen Regenfällen berichtet, die Pilgern das Wandern erschweren. Ich selbst hatte Glück und erlebte keinen einzigen Regentag, doch an jedem Vormittag der Woche, die ich durch diese eigentümliche Gegend wanderte, lag die Landschaft in dicke Nebelschwaden gehüllt. Wenn man unter den alten knorrigen Bäumen vor sich hin stapfte und die

Märchenwaldstimmung

allmählich durch die Nebelwolken dringenden Sonnenstrahlen geheimnisvolle Lichteffekte zauberten, hätte man sich jederzeit vorstellen können, dass im nächsten Moment eine Grimm'sche Märchenfigur hinter einem Baum hervortreten könnte. Kein Wunder, dass die Menschen in dieser Gegend von jeher an Hexen glauben; noch heute pflegt man hier Rituale mit viel Alkohol und Feuer, um die bösen Geister zu verscheuchen. Als sich an diesem Tag der Nebel allmählich zu lichten begann, gewahrte ich ein Spinnennetz, das sich zwischen zwei Ästen spannte. Der Himmel färbte sich in zarten Farben, das erste Sonnenlicht wand sich durch die durchscheinenden Nebelschwaden. Das hauchzarte, so hochverletzliche Gebilde des Spinnennetzes erschien in der spätsommerlichen Atmosphäre, in der sich schon der kommende Herbst ankündigte, so vollkommen, dass ich fasziniert stehen blieb und eine Weile die Schönheit des Anblicks genoss. Als ich weiterging, hatte ich das Gefühl, eine ganz private, besondere Entdeckung gemacht zu haben.

An der nächsten Bar, an der ich für einen Café con leche Halt machte, hatte sich wie üblich eine Traube Pilger zusammengefunden, die beim Kaffee ihre Erlebnisse austauschten. Wie überrascht war ich, als ich gleich mehrere Pilger von jenem Spinnennetz erzählen hörte, das ich für meine persönliche kleine Entdeckung gehalten hatte. Einige hatten es sogar fotografiert. Wenn ich heute über diese seltsamen Gespräche nachdenke, die wir geführt haben, muss ich lachen. Was hätte der Journalist aus Santiago wohl gesagt, wenn er uns zugehört hätte? Wie aufregend kann ein Leben schon sein, in dem man sich über ein Spinnennetz austauscht? Wenn man allerdings die Ironie aus der Frage nimmt und sie anders betont, erhält sie einen neuen Sinn: Wie aufregend kann ein Leben *tatsächlich* sein, in dem man sich von einem harmlosen Spinnennetz faszinieren lässt? Hierin liegt vermutlich das eigentliche Abenteuer.

Das Erleben von Abenteuern verändert auch das Erleben von Zeit. Das kennen wir alle: Wenn wir einen Urlaub an einem uns unbekannten Ort verleben, kommt es uns nach unserer Heimkehr so vor, als wären wir viel länger fort gewesen, als wir es tatsächlich waren. Ein Tag kann so lang wie eine Woche erscheinen, eine Woche wie ein Monat, weil unsere Tage so voll von Erlebnissen sind. Wissenschaftler haben herausgefunden, dass sich unser inneres Zeitgefühl nach den Intervallen zwischen den Ereignissen kalibriert, die wir als bedeutsam empfinden, den sogenannten Meilensteinen. Kinder haben deshalb so häufig das Gefühl von Zeitlosigkeit, weil die Intervalle zwischen ihren Meilenstein-Erlebnissen relativ kurz sind. Je älter wir werden, desto größer werden die Intervalle zwischen solchen Meilensteinen, und entsprechend haben wir das Gefühl, dass sich die Zeit immer mehr beschleunigt.

Es gibt im Grunde zwei Möglichkeiten, zu verhindern, dass uns die Zeit zwischen den Fingern zerrinnt. Die eine besteht darin, unser Leben mit so vielen Meilenstein-Erlebnissen wie nur irgend möglich anzufüllen. Das ist die gängige Methode, nach der nicht wenige Menschen ihr Leben ausrichten: die Suche nach dem nächsten Kick, der nächsten Reise, der nächsten Party, dem nächsten Erfolg. Die andere Möglichkeit besteht darin, aus gewöhnlichen Momenten außergewöhnliche Momente zu machen. Wenn jeder Augenblick neu und einzigartig sein kann, können wir die verstreichende Zeit wie von Zauberhand anhalten – es ist die Erfahrung des Jetzt, die im letzten Kapitel beschrieben wurde. Es sind die Augenblicke, die wir in Wachheit, mit all unseren Sinnen erleben, die uns die Zeit zurückschenken.

Ein Sonnenblumenfeld in der kargen Meseta

Über unsere Sinne können wir in den gegenwärtigen Moment kommen, uns wieder wirklich lebendig fühlen: innehalten, schauen, lauschen, riechen, fühlen. Wenn wir von jemandem sagen, er sei »von Sinnen«, meinen wir, er habe den Kontakt zur Realität verloren. Über die Sinne kommen wir wieder zur »Besinnung«, weil sie uns in Verbindung bringen mit dem, was ist. John O'Donohue sagt es wie immer in poetischen Worten: »Die Sinne sind die Schwellen der Seele.« Auch wenn wir prinzipiell in der Lage sind, ständig über unsere Sinne zu verfügen, können sie, wenn sie nicht geübt werden, stumpf werden, ebenso wie sich ihre Sensibilität steigern lässt. Von den Jägern der Aborigines in Australien erzählt man sich, dass sie die größeren Monde des Jupiters mit nacktem Auge sehen können, so sehr hat die Jagd ihr Auge geschult. Wenn Menschen ein Sinnesorgan verlieren, übernimmt oft ein anderer Sinn dessen Funktionen, indem er in einem kaum vorstellbaren Maß geschärft wird. Helen Keller, die im Alter von zwei Jahren durch eine Krankheit gleichzeitig Augenlicht und Gehör verlor, soll allein durch ihren Geruchssinn den Beruf von Menschen, die ihr gegenüber standen, erkannt haben, einfach indem sie die Gerüche von Holz, Farbe oder Medikamenten wahrnahm, die an der Kleidung hafteten.

Der dominanteste Sinn ist das Sehen. Marcel Proust schrieb: »Die wahre Entdeckungsreise besteht nicht darin, dass man neue Landschaften aufsucht, sondern darin, mit frischen Augen zu sehen.« Häufig sehen wir nur das, was wir sehen wollen, und nicht unbedingt das, was vor uns ist. Das menschliche Auge wählt aus, was es wahrnimmt. Je mehr wir uns im Zustand der reinen Wahrnehmung befinden, umso mehr kann unser Blick zur »Schau« werden, und je mehr diese Schau zum geistigen Sehen wird, umso mehr nähert sie sich dem an, was wir »Vision« nennen. Wenn Leonardo da Vinci nach dem Geheimnis seines Genies gefragt wurde, pflegte er mit der lateinischen Formel »sapere vedere« zu antworten, »zu sehen wissen«. Auch sein Zeitgenosse Michelangelo beherrschte die Kunst der Vision: In einem großen Marmorblock sah er bereits seinen »David« vor sich, er musste nach eigener Aussage nur noch das entfernen, was nicht zur Skulptur gehörte.

Das Hören ist ebenfalls ein prominenter Sinn. Helen Keller empfand den Verlust ihres Gehörs tragischer als den ihres Augenlichts, da er für sie den Verlust des allerwichtigsten Reizes bedeutete: des Klangs der Stimme. Es heißt, der Taube sei in einer Innenwelt des Schweigens eingesperrt, und dass er seine Umwelt sehen kann, aber keinerlei Geräusche wahrnimmt, mache seine Einsamkeit noch schmerzlicher spürbar. Eine besondere Form des Hörens ist das Lauschen, von dem Martin Heidegger sagte, es sei Andacht, denn selbst der Stille kann man lauschen. Zusammen mit dem Fühlen und Tasten, dem Riechen und Schmecken erobern wir uns über die Sinne die Landschaften unserer Umwelt und unseres Lebens. Mit der folgenden Übung können wir die Geh-Meditation durch die Ausrichtung auf die Sinne vertiefen:

Die Sinne erforschen

Diese Übung können Sie auf jedem Spaziergang oder jeder Wanderung durchführen, die Sie unternehmen. Sie intensiviert das Erleben des Gehens und der Natur, und sie hilft uns, in den Moment zurückzufinden. Richten Sie Ihre Aufmerksamkeit nacheinander auf jeden einzelnen Sinn, wobei beim Gehen das Tasten und Schmecken natürlich eine untergeordnete Rolle spielen. Diese kann man bei anderen Tätigkeiten besser erforschen.

Nur Sehen: Richten Sie Ihre Aufmerksamkeit beim Gehen auf die Schönheit, Farben und Formen, die Sie wahrnehmen. Nehmen Sie das Licht wahr, das durch die Blätter der Bäume fällt, die Wolkenformationen, die Farben des Sonnenaufgangs. Ohne einem Gegenstand besondere Aufmerksamkeit zu schenken, erlauben Sie Ihren Augen, alles mit dem Staunen eines Kindes wahrzunehmen, das etwas das erste Mal in seinem Leben sieht.

Nur Hören: Richten Sie Ihre Aufmerksamkeit auf Geräusche, Töne und Klänge. Lauschen Sie intensiv dem Gesang der Vögel, dem Wind in den Bäumen oder dem leisen Prasseln des Regens auf dem Blätterdach.

Nur Riechen: Richten Sie Ihre Aufmerksamkeit auf Düfte und Gerüche. Nehmen Sie die vielfältigen Nuancen wahr, wenn Sie durch unterschiedliche Landschaften wandern. Duftet die Luft herbstlich, winterlich oder frühlingshaft?

Alle Sinne: Zum Abschluss der Übung nehmen Sie Ihre Umgebung mit all Ihren Sinnen wahr. Lassen Sie Ihren Spaziergang zu einem Fest der Sinne werden.

Über unsere Sinne finden wir zurück zum Staunen, zu unserer Fähigkeit, Wunder wahrzunehmen. Je mehr wir unsere Sinne schulen, umso mehr magische Augenblicke werden wir erleben und umso mehr wird das Leben wieder zu dem Abenteuer, das wir uns wünschen. Die beste Lehrmeisterin der Sinne ist sicher die Natur.

Die Natur als Kraftquelle entdecken

Befrage die große Stille eines
von geheimnisvollem Leben
erfüllten Waldes.
Was ist diese Stille?
Sie ist das Land im Inneren,
der heilige Raum,
in dem dein Geist wurzelt.
Indianische Weisheit

Über den heiligen Franziskus erzählt man sich, dass er eines Nachts versunken den Mond betrachtete, der Assisi und die ganze Erde in ein verzaubertes Licht tauchte. Als er bemerkte, dass niemand draußen war, um das wunderbare Schauspiel zu verfolgen, rannte er zum Glockenturm und begann, begeistert die Glocken zu läuten. Die Leute liefen in Panik aus ihren Häusern, sahen Franziskus auf der Spitze des Turms stehen und fragten ihn, was los sei. Franziskus antwortete: »Hebt euren Blick, meine Freunde, und seht den Mond.«

Die Natur hat die Kraft, uns zu ergreifen, zu heilen und zu verändern – das ist eine Erkenntnis, zu der Menschen aller Kulturen gelangt sind. Auch die Psychologie hat die heilenden Qualitäten der Natur mittlerweile erforscht. Eine groß angelegte Studie der Universität Bern ergab, dass der Anblick von Bäumen, Wiesen und Feldern unsere Konzentration steigert, positive Gefühle fördert und Stress reduziert. Das lässt sich sogar physiologisch messen: Stresshormone werden abgebaut, Ängste und Depressionen gemildert, und die ruhigeren Alphawellen im Gehirn nehmen zu. Die Evolutionswissenschaften leiten den positiven Effekt der Natur aus unseren stammesgeschichtlichen Wurzeln her; die Naturliebe sei unserer Spezies seit Urbeginn eingepflanzt, denn schließlich bestimmten die Rhythmen der Natur fast zwei Millionen Jahre lang ihren Lebensrhythmus. Erst seit der industriellen Revolution hat sich der Mensch radikal von seiner ursprünglichen Heimat gelöst.

Wie auch immer die Erklärung der Wissenschaften für die positive Wirkung der Natur lauten mag, dass sie uns näher zu uns selbst führen kann, haben Menschen immer schon erlebt. Wir gehen auf die Berge, sagt der Dichter René Daumal, nicht weil wir für immer auf dem Gipfel bleiben wollen, sondern weil die Erfahrung unsere Lebensweise für immer verändern wird, wenn wir ins Tal zurückkehren. Die Natur vermag uns in Kontakt mit unserer inneren Weisheit zu bringen, egal ob wir im Himalaja wandern oder unseren üblichen Waldspaziergang machen. »Hinter der Natur, in der ganzen Natur, ist der Geist gegen-

Blick auf die Meseta

wärtig«, schreibt auch Ralph Waldo Emerson. »Die Natur wurde erschaffen, um uns mit dem Geist zu erfüllen, der uns befreit.«

Jahrhundertelang haben Mönche und Mystiker in den Wäldern, Wüsten und Bergen gelebt und meditiert. Der Buddha lehrte 45 Jahre lang seine Schüler in den Wäldern Indiens und ermutigte sie, unter Bäumen zu meditieren – wie er selbst auch unter dem berühmten Bodhi-Baum zur Erleuchtung gefunden hatte. In Thailand sind die Worte für »Natur« und »Wahrheit« Synonyme. Indianer führen ihr Ritual der Visionssuche von jeher in der Natur durch; doch auch westlichen Menschen scheint es unvorstellbar, eine Vision innerhalb der eigenen vier Wände zu haben. Es ist die Natur, die uns das Gefühl des Einsseins mit dem Leben zurückschenkt. Eine Geschichte aus dem Zen zeigt, wie wir von der Natur alles lernen können, was wir wissen müssen:

Einst wanderte ein Zen-Meister mit seinem Schüler schweigend in den Bergen. Als sie sich für ein Mahl unter einem Baum niederließen, fragte der Schüler den Meister: »Meister, wie trete ich ins Zen ein?« Der Meister schwieg eine lange Weile. Als der Schüler schon ungeduldig die nächste Frage stellen wollte, fragte der Meister: »Hörst du das Rauschen des Gebirgsbachs?« Der Schüler hatte den Bach gar nicht bemerkt, so sehr war er mit seinen Fragen beschäftigt gewesen. Als er nun intensiv lauschte, nahm er in der Ferne tatsächlich das sanfte Murmeln eines Bachs wahr. »Jetzt höre ich es«, antwortete er. »Tritt von dort her ins Zen ein«, sagte der Meister.

In der Überstimulation unserer rastlosen Kultur ist unser Geist selten in der Lage, wirklich still zu sein und lange genug innezuhalten, um den Zauber einer Landschaft wahrzunehmen und sich ganz auf sie einzulassen. Der buddhistische Lehrer Mark Coleman lehrt seine Schüler, sich in Achtsamkeit mit der Natur zu verbinden, um in die Stille zu finden. Die folgende Übung ist von ihm inspiriert.

Sich mit der Natur verbinden

Lassen Sie sich auf Ihrer Wanderung in der Natur von etwas »rufen«, was auch immer es sein mag: ein Baum, eine Blume, Moos auf einem Felsen, Wellen, die gegen die Küste branden. Betrachten Sie etwas, das Sie mögen, das Sie anzieht und fasziniert. Nehmen Sie sich die Zeit, jedes kleine Detail wahrzunehmen. Sehen Sie, lauschen Sie, riechen Sie und fühlen Sie. Erfahren Sie es mit all Ihren Sinnen. Dann richten Sie Ihre Aufmerksamkeit auf sich selbst und beobachten Sie, ob Sie Wärme oder Zuneigung verspüren. Nehmen Sie mit dem Herzen Verbindung auf zu dem, was Sie betrachten.

Auch wenn es dem modernen Großstadtmenschen lächerlich vorkommen mag, ist ein solches Zwiegespräch mit der Natur allen Kulturen vertraut. Wenn Indianer im peruanischen Regenwald herausfinden wollen, ob Kräuter heilende Eigenschaften haben oder giftig sind, lauschen sie einfach darauf, was die Pflanze ihnen sagt. Auch der Naturliebhaber Goethe sprach von einer gegenseitigen Beziehung, einem aktiven Dialog, den wir mit der Natur haben können. Und John O'Donohue schreibt von der Verwandtschaft zwischen Mensch und Natur: »Wir gehören wesenhaft zum Reich der Natur. Unser Körper weiß um diese Zugehörigkeit und sehnt sich nach ihr.«

Diese ursprüngliche Verbindung zwischen Mensch und Natur hat einen faszinierenden Ausdruck in

Auf der Suche nach Traumpfaden in Galicien

den »Traumpfaden«, den »Songlines« der Aborigines gefunden, von denen der Reiseschriftsteller Bruce Chatwin in seinem gleichnamigen Buch berichtet. Nach Chatwins Bericht verfügt jeder Stamm über einen besonderen »Song«, der von einer Generation an die nächste mündlich weitergegeben wird. Es handelt sich dabei um einen Gesang, der Gebirgskämme, Felsen, Baumgruppen und andere landschaftliche Punkte mit wenigen Worten und Tonfolgen besingt und dadurch ein verbindendes Netzwerk von Linien und Pfaden über das ganze Land schafft. Jedes Stück Land hat ein besonderes Lied, das intuitiv empfangen und verstanden wird, und auf diese Weise sollen die Aborigines die unwegsamen Landschaften überhaupt durchqueren können. Nach der Geburt erhält jedes Kind seine eigene Songline von dem Lied seines Stammes, später wird es in seine besondere Bedeutung eingeweiht. Einmal in seinem Leben begibt sich jedes Stammesmitglied auf einen »Walkabout«, eine rituelle Wanderung quer durch Australien, die den Spuren der Ahnen folgt. Chatwin schreibt: »Ich habe eine Vision von den Songlines, die sich über Kontinente und Zeitalter erstrecken; dass, wo immer Menschen gegangen sind, sie die Spur eines Liedes hinterließen.«

Sicher ist auch jeder Pilger mehr oder weniger auf der Suche nach seiner persönlichen »Songline«, dem Lied, das ihm das Gefühl von Zugehörigkeit und Heimat schenkt.

Loslassen oder die Erfahrung der Wüste

Gott sprach zu Abraham:
»Zieh weg aus deinem Land,
von deiner Verwandtschaft
und aus deinem Vaterhaus
in das Land, das ich dir
zeigen werde.«
Buch Genesis 12.1

Eine der wichtigsten Lektionen des Camino ist das Loslassen. Und es gibt keine Route, die diese Lektion besser verkörpert als der lange Weg über die Hochebene der Meseta zwischen Burgos und León. Der Camino Francés verfügt über eine Art Komposition: Nach den grandiosen Panoramen der Pyrenäen und den lieblichen Landschaften von Navarra und Rioja folgt nach der prächtigen Metropole Burgos unausweichlich die flache Eintönigkeit der Meseta. Ihre Durchquerung dauert etwa eine Woche. Schon Tage zuvor sprechen Pilger darüber, fragen sich, wie sie sie erleben, welche Erfahrungen sie machen werden. Einige lassen diese Etappe auch einfach aus und nehmen von Burgos aus gleich den Bus nach León.

Die Meseta – endlose Weite, wohin das Auge reicht. Kein Baum, kein Schatten, keine Ablenkung, die den Blick und die Aufmerksamkeit auf sich zieht. In der endlosen Gleichheit der Felder und Straßen werden eine Schafherde oder selbst ein Hügel zum Ereignis. Die Meseta ist die symbolische Wüste, die große Leere, eine Stille der Landschaft, die den Pilger nach innen wendet und Raum lässt für Reflexion. Nicht zufällig ziehen sich Einsiedler in die Wüste zurück. »Niemand, der in die Wüste geht, kehrt als derselbe daraus zurück«, heißt es bei den Tuareg. Die Wüste bedeutet Verzicht, aber auch die befreiende Beschränkung auf das Wesentliche. Der Mangel an äußeren Reizen macht es leichter, der eigenen inneren Stimme zu lauschen, kann aber auch regelrecht zur Auseinandersetzung mit Themen und Gefühlen zwingen, die bislang verdrängt wurden.

Die Wüste ist von jeher ein Ort der Prüfung und der Reinigung. Die Leere prüft uns, indem sie uns unsere Schattenseiten, unsere »inneren Dämonen«, gnadenlos vor Augen führt, und sie reinigt, weil wir uns von ihnen nur befreien können, indem wir sie integrieren und verwandeln. Die Wüste kann unsere Aufmerksamkeit in einem Brennpunkt konzentrieren und uns helfen, das in unserem Leben herauszukristallisieren, was wirklich von Bedeutung ist. Sie ist aber auch ein Spiegel der eigenen Leere, die sich in uns verbirgt und uns erschrecken kann, wenn wir sie im Außen gespiegelt sehen. Ein positives Wiedererkennen beschreibt Cees Nooteboom: »Ich wurde einmal gefragt, weshalb ich die Landschaft der Meseta so schön fände. Weil mir so schnell keine Antwort einfiel, sagte ich, weil ich glaube, dass es in mir ebenso aussieht.«

Wenn wir die Wüste freiwillig aufsuchen, stellen wir uns bewusst ihren Lektionen und können sie als heiligen Raum erfahren, in dem eine sanfte Wandlung möglich ist. Oft genug jedoch werden wir im Leben gegen unseren Willen in die »Wüste« getrieben. Der Gefahr des Leidens können wir nicht entgehen, jeder von uns erlebt von Zeit zu Zeit Phasen von Schmerz. Eine extreme Reaktion auf Schmerz kann sein, unser Herz zu verschließen und uns zu bemühen, unverwundbar zu werden. Das Opfer, das wir dafür allerdings bringen, ist unsere Lebendigkeit. Nicht zufällig hängen die meisten Geschichten aus Mythen und Literatur, die von Erneuerung und Wandlung erzählen, in irgendeiner Weise mit der einen oder anderen Form von Verwundbarkeit zusammen. Es ist oft das Leiden, das den Panzer unseres Egos aufschließen und uns zu einem neuen Leben führen kann, das uns mehr erfüllt als das alte.

Natürlich wollen wir das Leiden nicht. »Es gibt im Leben Höhen und Tiefen. Ich will nur die Höhen«, bringt es Lucy von den Peanuts in erfrischender Unbefangenheit auf den Punkt. Entsprechend entsetzt reagieren wir, wenn es uns dann trifft: Warum gerade ich? Womit habe ich das verdient? Es scheint uns immer unvorbereitet zu treffen, und verbissen versuchen wir sofort, nach Lösungen zu suchen und dem Schmerz auszuweichen, oder wir ergehen uns in Klagen über die Ungerechtigkeit der Welt. John O'Donohue rät, sich dem Schmerz mit Sanftheit zu nähern und ihm keinen Widerstand entgegenzusetzen, denn: »Das Leiden folgt seinem eigenen Plan. Es will uns etwas lehren. Wenn wir aufhören, uns gegen sein dunkles Wirken zu sperren, öffnen wir uns den Lehren, die es uns vermitteln will.« In den leidvollen Umständen, die uns zusetzen, können wir Bereiche unserer Seele entdecken, die uns ansonsten verborgen geblieben wären. Wieder geht es nicht darum, *was* uns widerfährt, sondern *wie* wir es annehmen und integrieren. Und uns bleibt zunächst nichts anderes übrig, als uns auf unbekannte Zeit an diesem Wüstenort ohne Wasser, Schutz und Obdach einzurichten.

»Leiden hat eine erschreckende Totalität«, schreibt John O'Donohue. »Wenn es beginnt, bringt es uns an den Ort des Unwissens.« Wenn nichts, was uns zuvor Halt und Sicherheit gab, mehr greift, sind wir gezwungen, zu einer neuen Weise zu finden, in der Welt zu sein. John O'Donohue vergleicht den Schmerz mit einer Flamme, die uns versengt und verzehrt und sich in rasender Geschwindigkeit zu einem Waldbrand ausbreiten kann, der alle Bereiche unseres Lebens ergreift. Doch ähnlich wie der Phönix seine alte Hülle immer wieder verbrennen muss, um sich zu erneuern, kann nach einer Phase des Absterbens das Neue in unser Leben treten – es ist der alte alchemistische Prozess der Verwandlung, der in der Literatur immer wieder beschrieben wurde. Goethe schrieb seine berühmten Zeilen: »Und solang du das nicht hast, / Dieses: Stirb und werde! / Bist du nur ein trüber Gast / Auf der dunklen Erde.« Rilke sagt es mit einer einzigen Zeile: »Geh in der Verwandlung aus und ein.« Der spanische Lyriker Antonio Machado erzählt in einem Gedicht von der Sehnsucht nach dieser Verwandlung:

Letzte Nacht träumte ich – selige Illusion –
ich hätte einen Bienenkorb hier drinnen
in meinem Herzen
und die goldenen Bienen machten
weiße Waben und süßen Honig
aus meinen alten Misserfolgen.

Eine solche Verwandlung braucht häufig Zeit – gleich ob sie ihre Ursache im Zerbrechen einer Beziehung, im Verlust eines geliebten Menschen oder des Arbeitsplatzes hat oder ob wir Erfahrungen des Betrogen-Werdens oder Scheiterns verarbeiten müssen. Zwar würden wir diese Wüstenetappen am liebsten so schnell wie möglich durchwandern, doch auf lange Sicht kann das allzu schnelle »Umschalten« auf Normalität eine positive Verarbeitung und Entwicklung verhindern – so die Erkenntnis der Psychologen. Die Seele hat, wie in einem anderen Zusammenhang gesagt, langsamere Rhythmen als der Geist, und wir müssen ihr eine Zeit des Übergangs gönnen, in der die Verwandlung stattfinden kann.

Nicht alle Übergänge geschehen unerwartet, manche sind uns selbstverständlich und notwendig, wie die Übergänge vom Kind zum Jugendlichen, von der Ausbildung zum Beruf, vom Arbeitsleben zur Rente und die vielen anderen kleinen und großen Metamorphosen, in denen sich unser Leben entfaltet, dennoch können auch diese mit Schmerzen verbunden sein. Die Psychologin Verena Kast schreibt über diese Phasen: »Das Alte gilt nicht mehr, das Neue fasziniert zwar, ist aber noch nicht fassbar, und darüber hinaus wissen wir nicht, ob das Neue nur neu oder auch lebenswert ist … Dieses Erleben löst eine diffuse Angst aus.« Alle indigenen Kulturen haben deshalb Übergangsrituale entwickelt, von denen einige bis in unsere moderne Zeit überlebt haben. Diese Rituale folgen einem typischen Muster: Nach der Trennung vom »Stamm« folgt die Einsamkeit des Dazwischen, in der das Neue entstehen und wachsen darf, um in der dritten Phase der Wiedereingliederung, einer Art symbolischer Wiedergeburt, integriert zu werden.

Interessanterweise war der Jakobsweg wie so viele andere christliche Pilgerwege ursprünglich ein solcher heidnischer Initiationsweg, der dazu diente, Lebensübergänge zu gestalten. Manche der Rituale, die Pilger heute noch – wenn auch nur »weil es dazugehört« – vollziehen, zeigen diesen Ursprung auf: Am Kap Finisterre, dem »Ende der Welt« an der Westküste des Atlantiks, das ehemals das eigentliche Ziel des Weges darstellte, verbrennen Pilger nach ihrer Ankunft immer noch ein Kleidungsstück zum Zeichen dafür, dass sie das Alte losgelassen haben, und nehmen – wenn Wetter und Temperatur es zulassen – ein Bad im Atlantik, um sich von ihrem früheren Leben zu reinigen. Allerdings wanderten die heidnischen Pilger den ganzen Weg zum Ausgangsort auch wieder zurück, was der Wiedereingliederung des »neuen Menschen« in die alte Welt entsprach.

Der Camino ist eine wunderbare Möglichkeit, einen solchen Lebensübergang zu gestalten. Wir trennen uns bewusst für eine Weile vom »Stamm«, um uns in der Einsamkeit des Weges Zeit zu geben, etwas Neues entstehen zu lassen. Und wir sollten auch für die Wiedereingliederungsphase möglichst etwas Zeit einplanen, denn die plötzliche Rückkehr in die alten Strukturen kann nach der Freiheit des Camino unter Umständen wie ein Schock wirken. Doch eine solche Erfahrung muss nicht auf den Camino beschränkt bleiben: Wenn wir in unserem Leben immer wieder ganz bewusst die »Wüste« aufsuchen und uns unseren ungelösten Fragen und Themen stellen, schenken wir uns die Möglichkeit, Altes aufzuarbeiten und uns für Neues bereit zu machen. Auf diese Weise wird die Wüste zu unserem heiligen Raum, in dessen Schutz wir uns erneuern können. Dazu brauchen wir natürlich nicht unbedingt ein Pilger zu werden. Wir können uns einfach in regelmäßigen Abständen – und natürlich insbesondere nach schmerzlichen oder lebensverändernden Erfahrungen – in die Einsamkeit der Natur zurückziehen, um der Seele Zeit für Verwandlung zu geben.

Das Geschenk der Wüste

Gönnen Sie sich von Zeit zu Zeit freiwillig ein Stück »Wüste«, um sich Raum für Verwandlung zu geben. Ziehen Sie sich für einen Tag, ein Wochenende, eine Woche oder länger an einen Ort in der Natur zurück. Nehmen Sie nur Wasser und einfache Nahrung zu sich, verzichten Sie darauf, sich von Büchern, Zeitungen oder durch das Internet ablenken zu lassen, wandern Sie, setzen Sie sich an den See, das Meer oder wo auch immer Sie sein mögen, und lassen Sie alles gut sein, wie es ist. Versuchen Sie, nichts ändern zu wollen, praktizieren Sie Nicht-Tun. Gestalten Sie diese Zeit bewusst als »Zwischenzeit« und geben Sie dem Neuen, das sich in Ihnen entwickeln will, Gelegenheit zu reifen. Nehmen Sie einfach alles, was geschieht, als Geschenk; wie die Beduinen sagen: »In der Wüste findest du nichts, außer dich selbst. Denn die Wege der Weisheit führen durch die Wüste.«

Indem wir einen Übergang durchschreiten und eine Metamorphose erleben, erreichen wir ein neues Gleichgewicht in unserem Leben, das allerdings nur so lange besteht, bis bereits der nächste Übergang ansteht. Den *einen* vollkommenen Zustand der Harmonie, in dem wir bis in alle Ewigkeit verweilen können, wird es in unserem irdischen Dasein niemals geben – das wissen wir alle. Dass alles fließt, alles immer im Wandel ist, haben uns die alten Weisheitslehrer dieser Welt schon immer verkündet. Das heißt letztlich, dass unser ganzes Leben im Grunde ein kontinuierliches Loslassen bedeutet. Was Hebbel im ›Philosophen-Schicksal‹ schildert, charakterisiert auch unser Leben:

Salomons Schlüssel glaubst du zu fassen
und Himmel und Erde
Aufzuschließen, da löst er in Figuren sich auf,
Und du siehst mit Entsetzen das Alphabet
sich erneuern,
Tröste dich aber, es hat
während der Zeit sich erhöht.

»Tröste dich aber, es hat während der Zeit sich erhöht« – mit jedem Loslassen, das wir üben, entwickeln wir uns ein wenig weiter, und das nächste Loslassen gelingt uns leichter. Menschen, die viele Dinge in ihrem Leben in Frieden losgelassen haben, ohne ihre Herzen zu verhärten, strahlen deshalb nicht zufällig so viel Weisheit und Reife aus. Der buddhistische Lehrer Jack Kornfield, der sich sein ganzes Leben mit dem Loslassen beschäftigt hat, stellt fest: »Loszulassen und sich bewusst von einer Veränderung zur nächsten durch unser Leben zu bewegen, bringt unser spirituelles Sein zur Reife.«

Loslassen können wir prinzipiell in jeder Minute an jedem Tag des Jahres üben. Es bedeutet, zu erkennen, an welchen Dingen wir zwanghaft festhalten, und unseren »Griff« sanft zu lockern. Die Inder kennen dazu folgende Geschichte:

Wenn man in Südindien einen Affen fangen will, höhlt man eine Kokosnuss aus und befestigt sie am Boden. Als Köder wird Futter hineingelegt. Der Affe, angelockt von seiner Gier nach Nahrung, streckt seine Hand in die Öffnung der Kokosnuss, die gerade groß genug ist, damit sie hineinpasst. Wenn er aber das Futter ergriffen hat und eine Faust macht, um es herauszuholen, kann er seine Hand nicht mehr aus der Kokosnuss ziehen, denn die Öffnung ist zu klein für seine Faust. Er müsste nur seine Hand öffnen und das Futter loslassen, um freizukommen, doch das vermag er nicht. Ihm fehlt das Verständnis für die Tatsache, dass Loslassen die einzige Möglichkeit ist, die er hat, um Freiheit zu erlangen.

Die Buddhisten nennen dieses unbedingte Festhalten an Dingen, Gefühlen oder Gedanken »Anhaftung«. Indem sie in ihrer Meditation kontinuierlich ihren Geist von allem, woran sie haften, zurückholen zur Beobachtung ihres Atems, üben sie jeden Tag, die Anhaftung zu überwinden. Ich erinnere mich an ein Erlebnis vor vielen Jahren, als ich die Kraft des Loslassens in der Meditation erfuhr. Nachdem ich einige Bücher über Buddhismus gelesen hatte, wollte ich die Meditation ausprobieren und meldete mich zu einem Wochenendkurs an. Das Thema war Achtsamkeitsmeditation, und – von kurzen Vorträgen des Lehrers abgesehen – bestanden die beiden Tage darin, stundenlang auf dem Meditationskissen zu sitzen, den Atem zu beobachten und alle Gedanken und Gefühle wahrzunehmen, zu etikettieren und »loszulassen«. Zunächst verlief alles gut, doch dann begann draußen in der Nähe des buddhistischen Zentrums jemand zu hämmern. Ich ließ mich zuerst nicht beirren, atmete und etikettierte, wie ich es gelernt hatte: »Ich atme ein, ich atme aus ... Hören, hören ... Ich atme ein, ich atme aus ... Hören, hören ...« Der Lärm hörte jedoch nicht auf. »Ich atme ein, ich atme aus ... Ärger, Ärger ...« Er dauerte an. »Ich atme ein, ich atme aus ... ÄRGER, ÄRGER ...« Nach einer Weile hatte sich meine Wut über diese unerhörte Lärmbelästigung derart gesteigert, dass ich den Buddha von seinem Sockel hätte kicken können. Da ich den Kurs aber nicht einfach abbrechen wollte, übte ich grimmig entschlossen weiter. Dann, nach einer gefühlten Ewigkeit, geschah mit einem Mal das Überraschende: Es hämmerte weiter, doch ich reagierte nicht mehr negativ darauf. Dieses plötzliche Loslassen, das ich zwar durch mein Üben eingeladen, doch in keinster Weise selbst verursacht hatte, war verbunden mit einem großen Glücksgefühl. Fasziniert stellte ich fest: Es funktioniert wirklich! Zu meditieren begann ich dennoch nicht.

Das beglückende Gefühl von Freiheit, das wir im Loslassen erfahren, beschreibt der Kriminalautor und Buddhist Janwillem van de Wetering in einer Erinnerung an sich als achtjähriger Junge, wie er mit seiner Familie Monopoly spielt. Er verliert, seine Brüder schnappen sich alle Häuser von seinen Straßen, er

Eine Brücke in Navarra

muss aufgeben, der Schweiß rinnt ihm von der Stirn. Aber dann: »Plötzlich weißt du, dass es nur ein Spiel ist.« Vor Freude über diese Erkenntnis springt er auf und wirft die Lampe um, doch das ist es ihm wert: »Du weißt, dass du nichts bist, und du weißt, dass du nichts hast. Und du weißt, dass Nichtssein und Nichtshaben dir eine unermessliche Freiheit geben.« Es ist nur ein Spiel – welch eine erleichternde Erkenntnis! Das zeigt auch eine unvergessliche Filmszene aus dem Hollywoodklassiker ›Alexis Sorbas‹: Anthony Quinn alias Alexis Sorbas und Alan Bates beobachten am Ende des Films entgeistert, wie ihr großartiges Bauprojekt, an dem sie monatelang gearbeitet und in das sie all ihr

Geld investiert haben, in sich zusammenstürzt. Anthony Quinn sagt nach einer Pause des Schweigens: »Das Lamm, es verbrennt«, sie nehmen das Fleisch vom Feuer, essen und reden ein wenig. Schließlich fragt Anthony Quinn mit einem befreienden Lachen: »Hey Boss, hast du je in deinem Leben etwas so bildschön zusammenkrachen sehen?« Sie lachen und tanzen, der Film endet – Loslassen in Sorbas-Manier.

Das Besondere am Loslassen ist, dass wir es nicht erzwingen können, echtes inneres Loslassen geschieht einfach. Die Ermunterung »Lass los!« ist ähnlich wirkungslos wie die Aufforderung »Sei spontan!«, »Reg dich nicht auf!« oder gar »Schlaf doch ein!« Wir können nur Moment für Moment eine sanfte, akzeptierende Haltung einzunehmen suchen, die das Loslassen ermöglicht.

Der Camino bot unendlich viele kleine und große Gelegenheiten dazu. Je länger ich auf dem Weg war, desto mehr Pilger lernte ich kennen, die mir sehr ans Herz wuchsen, und nahezu ebenso viele musste ich irgendwann wieder loslassen, weil sie entweder schneller oder langsamer liefen als ich. Auch die Landschaften selbst bedeuteten ein ständiges Loslassen: Atemberaubend schöne Strecken wechselten sich ab mit eintönigen Straßen, nach Aufenthalten in beeindruckenden historischen Städten hatte man zunächst nicht enden wollende Industrievororte zu durchwandern, bevor man wieder den ersten Baum sah. Konnte man sich an einem Abend noch an einer liebevoll betreuten, sauberen Herberge freuen, lag man in der nächsten Nacht möglicherweise auf dem nackten Steinboden einer Kirche und teilte sich das Bad mit unzähligen anderen Pilgern. Der Camino erinnerte einen ständig daran: »Genieße, was du bekommst, aber hänge nicht dein Herz daran.«

Das beste Übungsfeld war ein jedem Pilger allzu vertrautes Terrain: der Schmerz. Grob vereinfacht kann man sagen, dass es zwei Gruppen von Pilgern gibt: Die erste leidet anfangs unter der einen oder anderen Art von Beschwerden, findet aber bald zu ihrer Form, die sie bis Santiago durchhält. Die zweite Gruppe leidet den ganzen Weg über unter Schmerzen. Ich selbst gehörte zur zweiten. Aufgrund einer angeborenen Fußschwäche beginnen meine Füße nach einer gewissen Anzahl von Kilometern weh zu tun. Ich hatte mir zwar Sporteinlagen für meine Wanderschuhe besorgt, merkte aber bald, dass sie nicht ausreichten, um diese Schwäche zu kompensieren. In der ersten Woche beruhigte ich mich damit, dass es sich um die üblichen Anfangsschwierigkeiten handeln würde. Bei einem Abendessen im navarresischen Ort Obanos erzählte ich einer Pilgerin, von der ich erfahren hatte, dass sie Medizinerin war, von meinem Problem und bat sie um Rat. Ihre blauen Augen blitzten mich ungerührt an, als sie mir verkündete: »Die gute Nachricht ist: Deine Schmerzen sind nicht gefährlich. Die schlechte: Du wirst den ganzen Weg über Schmerzen haben. Aber das ist nicht so schlimm: So etwas Ähnliches hatte ich auch, bevor ich mich operieren ließ. Man kann lernen, damit zu leben.«

Nicht schlimm? Ich war am Boden zerstört. Die mir das sagte, war deutsche Vizemeisterin im Kampfsport und an Schmerzen gewöhnt. Ich aber konnte zwar mühelos phasenweise große Anstrengungen auf mich nehmen, aber nur, wenn danach irgendeine Form von Belohnung winkte. Die Vorstellung, einen Pilgerweg unter ständigen Schmerzen zu laufen, hatte etwas Deprimierendes.

Ich beschloss, die Bemerkung der Ärztin zu ignorieren, und hielt mich an meiner Hoffnung aufrecht, dass die Schmerzen irgendwann wie von Zauberhand geheilt verschwinden würden. Da ich sehr gute Freunde gefunden hatte, die sich durch einen ausgeprägten Sportsgeist auszeichneten und die ich nicht verlieren wollte, war mir das sehr wichtig. Auch wenn ich tagsüber immer allein lief, genoss ich es sehr, am Nachmittag in einer Herberge einzutreffen und zu wissen, dass ich meine Etagenbett-Nachbarn kennen würde, weil wir uns zuvor per Handy verständigt hatten. Das gab mir gerade in der ersten Zeit ein wenig das Gefühl von Nach-Hause-Kommen.

Es waren schwarze Stunden, als ich mich der Erkenntnis öffnen musste, dass die Schmerzen – wie auch meine ebenso hartnäckigen Fußblasen – tatsächlich nicht verschwinden würden und dass ich das Tempo meiner Freunde auf keinen Fall durchhalten könnte. Von all den sinnlosen Dingen, die ich in meinem Leben getan hatte, schien mir das Unternehmen, mit chronischen Fußschmerzen allein durch Spanien zu laufen, mit einem Mal das sinnloseste überhaupt zu sein. Als ich nach langem Grollen mit mir selbst und meinem sportlichen Defizit schließlich loslassen konnte, empfand ich eine ungeheure Befreiung. Die Schmerzen verschwanden zwar nicht, doch ich litt weniger darunter. Ich gewöhnte mich daran, in regelmäßigen Abständen am Wegesrand zu pausieren, meine Füße zu massieren und die vielen Hilfsangebote der anderen Pilger mit einem lächelnden Kopfschütteln abzulehnen. Und wenn ich nach längerer Strecke auf Asphalt wieder einmal stöhnend über einem Bartresen zusammensackte und mich der Pilger neben mir verständnisvoll mit dem Satz »Ich kenne das Gefühl« aufmunterte, genoss ich die Gewissheit, dass geteilter Schmerz sogar noch mehr verbindet als geteilte Freude. Meine sportlichen Freunde konnte ich leichteren Herzens ziehen lassen, und ich begegnete anderen Pilgern, deren Bekanntschaft ich nicht hätte missen wollen.

Gemessen daran, wie uns das Leben beuteln kann, sind Fußschmerzen auf einer Pilgerreise eine vergleichsweise harmlose Angelegenheit. Doch hat mich gerade dieses Erlebnis gelehrt, wie befreiend es ist, die Kontrolle aufzugeben und loszulassen. Dinge, die einem in einem Moment unerträglich erscheinen, lassen sich im nächsten mit Gelassenheit ertragen, wenn man sie zu akzeptieren bereit ist. In meinem Alltag laufe ich manchmal so häufig gegen die Wand, weil ich irgendwelche Dinge ändern will, die schlicht nicht zu ändern sind, dass die blauen Flecken kaum noch zu zählen sind. Diese schmerzen dann mehr als die ei-

Eine Schafherde wird in der Meseta zum Ereignis

gentliche Ursache. Aldous Huxley soll einmal gesagt haben, dass etwa ein Drittel des menschlichen Leidens unvermeidlich sei; die anderen zwei Drittel entstünden durch unsere missglückten Versuche, das erste Drittel zu vermeiden.

Eines der bekanntesten Rituale auf dem Camino, um das Loslassen zu üben, ist das des Steinablegens am Cruz de Ferro, einem Eisenkreuz auf einer Passhöhe zwischen Astorga und Ponferrada. Nach einem alten Brauch trägt jeder Pilger einen Stein von zu Hause bis zu diesem Ort, um ihn hier symbolisch für Sorgen oder Schwierigkeiten, die ihn belasten, abzulegen. Ursprünglich war der Steinhaufen, auf dem das Kreuz steht, eine Grenzmarkierung, an der die Reisenden nach keltischer Tradition einen Stein niederlegen mussten. Heute gehen die Pilger schweigend den Berg hinauf, während sie mit dem Stein ein stilles Zwiegespräch führen. Oben angekommen, werfen sie mit ihm zugleich ihre Last auf den großen Haufen. Für viele ist dieses Ritual einer der Höhepunkte des Camino, und sie erleben es als eine tief berührende Erfahrung. Für mich selbst war dies fast zu überfrachtet mit Erwartungen, um wirken zu können – obwohl ich es extra so eingerichtet hatte, dass ich in aller Frühe am Kreuz sein konnte, um allein zu sein. Dennoch ist das Ablegen eines Steines oder eines anderen Gegenstandes ein schöner Brauch, um sich auf das innere Loslassen einzustimmen. Die folgende Übung lässt sich am besten an einem ansprechenden Ort in der Natur durchführen.

Einen Stein ablegen

Lassen Sie, während Sie wandern oder einen Spaziergang machen, Ihre Aufmerksamkeit weg von Ihren Gefühlen in Ihre Umgebung gleiten. Lauschen Sie den Geräuschen, die Sie wahrnehmen, öffnen Sie sich für die Schönheit, die Ihr Blick erfasst. Wenn Sie sich mit Ihrer Umgebung verbunden fühlen, richten Sie Ihre Aufmerksamkeit auf die Gefühle, die Sie belasten, wie Trauer, Wut, Groll, Scham oder Neid. Weiten Sie Ihr Bewusstsein aus auf die Wahrnehmung der Natur. Wenn Sie in vollem Kontakt mit Ihren Gefühlen sind, versuchen

Sie, die Gedanken und Geschichten rund um die Gefühle loszulassen und wirklich nur das Gefühl zu spüren. Lassen Sie den Blick wandern und sammeln Sie beim Gehen einen Stein auf, der Ihrem Gefühl entsprechen könnte. Es kann auch eine Blume sein, Blätter, Früchte oder was immer Sie entdecken. Wenn Sie Ihren Stein oder etwas anderes gefunden haben, das Ihren Schmerz fassen könnte, stellen Sie sich beim Gehen vor, wie Sie Ihr Gefühl hineingeben. Wenn Sie den Stein dann an einer Stelle ablegen, stellen Sie sich vor, dass Sie das Gefühl damit loslassen und davon befreit weiterlaufen.

Wem es gelingt, immer wieder den Griff zu lockern und loszulassen, erlangt das, was in unserer hektischen Welt zu Recht als ein äußerst erstrebenswertes Gut gilt: Gelassenheit. Wer gelassen durchs Leben geht, gewinnt Freiheit – nicht nur von äußeren Gegebenheiten, sondern auch von sich selbst. Und wer gar wie jener Zen-Mönch sagen kann: »Nachdem mein Haus niedergebrannt war, hatte ich eine unverbaute Sicht – auf den Mond, bei Nacht«, dem ist ein glückliches Leben sicher. Ich selbst werde wohl noch viele Schritte gehen müssen, um dort anzukommen.

Das Ziel ist der Anfang

Santiago ist nicht
das Ziel des Jakobswegs,
es ist der Anfang.
Pilgerweisheit

Still und um diese frühe Stunde noch fast menschenleer breitete sich die Plaza de Obradoiro vor uns aus, als mein holländischer Pilgerfreund und ich durch den Torbogen traten und sie nach einigen Schritten in ihrer ganzen Pracht erblickten: die Kathedrale von Santiago de Compostela, das Ziel, das uns den ganzen Weg lang als glücksverheißende Vision begleitet hatte. Wir schwiegen, trauten uns nicht, mit irgendeinem Wort den Moment zu zerstören. Und warteten. Auf ein bedeutendes Gefühl, auf Freude, Pathos vielleicht, doch es geschah – nichts. Stattdessen empfand ich Traurigkeit: »Jetzt ist es vorbei.« Wir versuchten, durch eine Umarmung ein wenig positive Rührung hervorzurufen, doch das half auch nicht weiter. Wie betäubt betraten wir die Kathedrale, empfingen danach im Pilgerbüro unsere »Compostela«, die Urkunde, die in der Zukunft belegen würde, dass wir tatsächlich den ganzen

Am Ziel: die Kathedrale von Santiago

Camino Francés zu Fuß gelaufen waren, und suchten uns Zimmer für die Nacht. Was der Philosoph Ernst Bloch die »Melancholie der Erfüllung« genannt hat, das traf mich bei meinem Ankommen in Santiago de Compostela mit voller Wucht.

Die Freude darüber, das Ziel erreicht zu haben, kam erst später auf, als ich in der Messe saß und eine der Nonnen mit fast überirdisch schöner Stimme Taizé-Gesänge vortrug. In diesem Moment löste sich meine Betäubung, und ich dachte wieder und wieder: »Ich bin angekommen. Ich habe es geschafft. Ich bin wirklich in Santiago.« Am meisten freute ich mich jedoch, als ich viele meiner lieb gewonnenen Pilgergefährten wiedertraf. An jenem Abend feierten wir so ausgelassen unsere Ankunft und unser Wiedersehen, als hätte es nie etwas Bedeutenderes in unserem Leben gegeben, das wir erreichen wollten. Diese eigentümliche Mischung aus Wehmut und Glück begleitete mich die nächsten Tage, die ich ziellos umherstreifend in Santiago verbrachte, und steigerte sich noch, als ich am vorletzten Abend von den Steinen am Kap Finisterre aus den Sonnenuntergang über dem Meer betrachtete, während ich mir mit einem heimatlosen jungen Hund mein Picknick teilte.

Was der Pilger auf seiner Reise erlebt, erfahren wir alle, wenn wir auf ein Ziel zuschreiten. Nach dem Zauber des Aufbruchs folgen Hunderttausende von Schritten, die uns verändern und wachsen lassen. Irgendwann dann, kurz vor dem Ziel, haben wir oft nur noch eines im Sinn: endlich ankommen. Mit unserem letzten Schritt auf unser Ziel zu – für den Jakobspilger der Schritt über die Schwelle der Kathedrale – beenden wir unsere Reise, reich beschenkt mit einem Schatz an Erfahrungen, und gleichzeitig voller Wehmut darüber, dass der Weg zu Ende ist. Jedes Ziel, das wir erreichen, markiert im Grunde nur den Endpunkt einer Etappe, auf die – selbst wenn es die wichtigste Etappe unseres Lebens sein sollte – eine nächste Etappe folgt. Und wenn wir an unserem Zielort den Pfad unserer Sehnsucht verlassen, wartet bereits ein neues Ziel, zu dem sie uns führen wird. Doch etwas ist anders: Wir betreten den Weg verwandelt. Auch hier gilt der Vers aus Hebbels ›Philosophen-Schicksal‹, in dem es über das »Alphabet des Lebens« heißt: »Tröste dich aber, es hat während der Zeit sich erhöht.«

Nach jedem Ankommen beginnt ein neuer Weg. Und so beschließe ich dieses Buch mit jenem Gruß, den jeder Jakobspilger täglich viele Male hört und der für unser ganzes Leben gelten möge: Buen Camino.

Quellennachweis

Literatur

Coleman, Mark: *Awake in the Wild.* Mindfulness in Nature as a Path of Self-Discovery. Novato, California 2006.

Csikszentmihalyi, Mihaly: *Flow.* Das Geheimnis des Glücks. Stuttgart 1992.

Jalics, Franz: *Kontemplative Exerzitien.* Eine Einführung in die kontemplative Lebenshaltung und in das Jesusgebet. Würzburg 1994.

Kabat-Zinn, Jon: *Stark aus eigener Kraft.* Im Alltag Ruhe finden. Bern, München, Wien 1997.

O'Donohue, John: *Anam Ċara.* Das Buch der keltischen Weisheit. München 1997.

O'Donohue, John: *Echo der Seele.* Von der Sehnsucht nach Geborgenheit. München 1999.

O'Donohue, John: *Schönheit.* Das Buch vom Reichtum des Lebens. München 2004.

Steindl-Rast, David: *Die Achtsamkeit des Herzens.* Ein Leben in Kontemplation. München 1992.

Steindl-Rast, David: *Staunen und Dankbarkeit.* Der Weg zum spirituellen Erwachen. Freiburg i. Br. 1996.

Thich Nhat Hanh: *Das Wunder der Achtsamkeit.* Eine Einführung in die Meditation. Zürich, München, Berlin 1988.

Thich Nhat Hanh / Nguyen Anh-Huong: *Geh-Meditation.* Mit Unterweisungs-DVD und 5 geführten Meditationen auf CD. München 2008.

Thoreau, Henry David: *Walden oder Leben in den Wäldern.* Zürich 1997.

Tolle, Eckhart: *Jetzt! Die Kraft der Gegenwart.* Ein Leitfaden zum spirituellen Erwachen. Bielefeld 3. Auflage 2001.

Tolle, Eckhart: *Stille spricht.* Wahres Sein berühren. München 2003.